R. T. Kendall le brinda al mu... *pasamos por este camino.* Parec... ...hemos perdido y el libro de R. T. Kendall es una señal de alarma para nuestra civilización, al decir que: «Este es el camino; síguelo» (Isaías 30:21). Proverbios 25:11 nos recuerda que hay verdad y, además, una verdad oportuna. *Nunca antes pasamos por este camino* es una verdad oportuna para cada creyente, especialmente en un momento en que la verdad tropieza en las calles. Como un gran médico, el libro de R. T. Kendall diagnostica los tiempos caóticos en los que vivimos hoy. Luego procede a dar la receta de que nada más que un despertar puede rescatar a nuestro mundo. Agradezco que al fin alguien haya escrito con voz profética, mente teológica y corazón de padre en la fe, una palabra importante que nuestro mundo necesita escuchar hoy.

—TIM DILENA
Pastor principal, Times Square Church

Desde el momento en que vi el título de este libro, me cautivó. *Nunca antes pasamos por este camino* es una interpretación conmovedora y estimulante de las señales de nuestro tiempo. Con demasiada frecuencia consideramos la bondad de Dios, pero no reconocemos su severidad. Con demasiada frecuencia nos enfocamos en la gracia, pero pasamos por alto temas esenciales como el juicio y las consecuencias. En esta poderosa lectura, mi sabio amigo R. T. rectifica eso, brindándonos una palabra seria y desafiante para el tiempo sin precedentes en que estamos. Y aunque él enseña mucho sobre el juicio y el arrepentimiento, su mensaje es, en última instancia, de gracia redentora y esperanza futura. Este libro excepcional es un mensaje para nuestro tiempo, un llamado de atención a la iglesia militante.

—MATT REDMAN
Líder de adoración y compositor

Los libros de R. T. Kendall son atemporales, pero este llegó en el tiempo más indicado. Expone la verdad de la Palabra de Dios acerca de cómo vivir en este mundo caótico, cómo ser usado por Dios, cómo ver adelante a nuestros mejores días, cómo preparar nuestros corazones para el mayor despertar que el mundo haya conocido y cómo fijar «la mirada en Jesús, el iniciador y perfeccionador de nuestra fe» (Hebreos 12:2).

—RICKY SKAGGS,
miembro del salón de la fama de Grand Ole Opry

Andábamos perdidos en las carreteras rurales del suroeste de Pensilvania. Parecía que el sistema de posicionamiento global de nuestro vehículo era más consciente de ello que nosotros porque lo escuchamos decir: «Usted ha llegado al final de toda la información conocida». Al principio no podíamos creer lo que oían nuestros oídos, luego nos echamos a reír. *Nunca antes pasamos por este camino.*

En el libro de Jeremías hay una declaración extraordinaria que Dios le hace a su pueblo. Ahí expresa asombro por la magnitud de la pecaminosidad de ellos. Por lo que declara que «edificaron lugares altos a Baal, para quemar con fuego a sus hijos en holocaustos al mismo Baal; cosa que no les mandé, ni hablé, ni me vino al pensamiento» (Jeremías 19:5 RVR1960). Los cuatro temas que se abordan en este documento acarrean el mismo asombro para muchos de nosotros. Sería absolutamente apropiado leer este libro de rodillas, puesto que su mensaje instigará una necesidad desesperada por buscar a Dios. Eliú les recordó a Job y a sus amigos: «Que hable la voz de la experiencia; que demuestren los ancianos su sabiduría» (Job 32:7). Espero que el Espíritu Santo use este libro para impulsarnos, a cada uno de nosotros, a actuar de una manera que conmueva al corazón de Dios.

—OBISPO JOSEPH L. GARLINGTON
Pastor de Covenant Church of Pittsburgh

Frente al caos mundial, este libro me dio esperanza y paz.

—JOY STRANG,
ejecutiva de Charisma Media

Todos los que lean este acertado libro —*Nunca antes pasamos por este camino*, de R. T. Kendall— descubrirán valiosas gemas, conocimientos y respuestas reservados para ellos. Dios puso su mano sobre este libro bellamente inspirado por él con un propósito divino para la situación actual de nuestro mundo. Él quiere que su Iglesia sea libre, libre para ministrar, libre para testificar, libre en cuerpo, mente y espíritu.

R. T. ha demostrado al escribir no solo la manera en que Dios está usando los disturbios civiles y el COVID-19 para despertar al mundo, sino cómo debemos volver a vivir bajo la guía de Dios. Muchos libros abordarán los problemas actuales, pero este es tan sencillo y explicativo en su presentación que cada persona que lo lea comprenderá la parte que juega Dios en esta crisis y lo que cada persona necesita para superar estos tiempos de agitación.

Los ejemplos bíblicos y las experiencias de R. T. como pastor animarán a cada lector en su peregrinaje espiritual y convencerán a cualquiera de que nuestro Dios es Dios y que no hay otro. Este libro es imprescindible para toda persona que sienta temor, inquietud y una sensación de desesperanza. Lo mejor de todo es que esta obra da respuestas bíblicas firmes en cuanto a cómo está usando Dios estas circunstancias en nuestro mundo para cambiarnos y prepararnos para que se cumpla su voluntad.

—MARILYN HICKEY
Evangelista, maestra de Biblia

El llamado de atención del Dr. Kendall es acertado y pertinente. Estamos en la mira, por eso debemos volvernos a Dios. Lee este libro y compártelo con tus amigos.

—ALVEDA C. KING
Evangelista directora de la organización
Civil Rights for the Unborn

El próximo «gran despertar» del mundo será un acontecimiento sin igual y estará dirigido por pastores académicos como R. T. Kendall. Este libro se basa en una visión bíblica fiel a las raíces confesionales del autor y, sin embargo, es receptiva a la diversidad de formas en que el Espíritu Santo está llevando a los cristianos a unirse para sanar las heridas de nuestra nación y el mundo.

—TIMOTHY M. DOLAN
Arzobispo de Nueva York

Nunca
antes pasamos
por este
CAMINO

R. T. KENDALL

CASA
CREACIÓN
Para vivir la Palabra

Para vivir la Palabra

MANTÉNGANSE ALERTA;
PERMANEZCAN FIRMES EN LA FE;
SEAN VALIENTES Y FUERTES.
—1 CORINTIOS 16:13 (NVI)

Nunca antes pasamos por este camino por R. T. Kendall
Publicado por Casa Creación
Miami, Florida
www.casacreacion.com
©2021 Derechos reservados

ISBN: 978-1-955682-02-2
E-book ISBN: 978-1-955682-03-9

Desarrollo editorial: *Grupo Nivel Uno, Inc.*
Diseño interior: *Grupo Nivel Uno, Inc.*

Publicado originalmente en inglés bajo el título:
We've Never Been This Way Before
por Charisma House
600 Rinehart Road, Lake Mary, Florida 32746
Copyright © 2020 por R. T. Kendall
Todos los derechos reservados.

Nota de la editorial: Aunque el autor hizo todo lo posible por proveer teléfonos y páginas de internet correctas al momento de la publicación de este libro, ni la editorial ni el autor se responsabilizan por errores o cambios que puedan surgir luego de haberse publicado.

Impreso en Colombia

21 22 23 24 25 LBS 9 8 7 6 5 4 3 2 1

A Paul y Sandy

•

EL CRUCE DE RÍOS

Nunca antes habíamos estado aquí,
Así que ¿cómo sabremos entonces el camino a seguir?
Confiando en que el Señor, nuestro Dios, será nuestro guía,
cruzaremos al otro lado del río.

Así que esfuérzate y sé valiente,
ponte la armadura, sé valiente.
Él ha venido al rescate de los que vino a salvar.
A la tierra de la leche y la miel, seguimos al Cordero.
Él nos dará la victoria en cada lugar que pisen nuestros pies.

Haré cosas maravillosas entre ustedes,
pondré sus pies en tierra firme.
Ninguna arma del enemigo prosperará,
mi Nombre será exaltado en esta tierra.
—KIERAN GROGAN[1]

CONTENIDO

PRÓLOGO

El Viernes Santo, 10 de abril de 2020, estuve en la Oficina Oval del presidente de Estados Unidos. Tuve el honor de que me pidieran que elevara una oración después de que el presidente hiciera algunos comentarios sobre la festividad. Ese fue un momento asombroso en mi vida; millones de personas escucharon y estuvieron de acuerdo con las oraciones ofrecidas en ese acontecimiento.

Dos días antes, el primero de la Pascua, fui a la Casa Blanca a un ensayo para la oración del viernes. ¡Dos viajes a la Casa Blanca en una semana! Ese fue un gran logro para un ministro criado en los guetos afroamericanos de Cincinnati, Ohio. En uno de esos encuentros y conversaciones, el presidente me preguntó si me atacaban los nervios antes de hablar en público. Le dije que, en esa oportunidad, estaba nervioso puesto que él era el hombre más poderoso del mundo.

Durante esas visitas, me hice la prueba de COVID-19 por primera vez. Conocí al famoso doctor Anthony Fauci y a la doctora Deborah Birx, que comentaron que los afroamericanos tenían una tasa de infección desproporcionada con el virus. Había estado ayunando y orando de forma intermitente durante casi un mes. Me di cuenta de que el presidente Trump entendía que su presidencia y la vida de millones estaban en las manos de Dios, no solo en las suyas. Pude ver el peso de la oficina presidencial sobre él. Comentó que tenía que tomar las decisiones más importantes de su vida en ese momento. Y estaba en lo correcto. Por lo tanto, suplicó directamente la sabiduría y las bendiciones de Dios a través de la oración. Me había convocado como representante de la iglesia de Cristo para invocar una bendición e implorar al Todopoderoso que manifestara su poder protector.

Estos son tiempos verdaderamente desconcertantes. Hay anomalías obvias en lo que está sucediendo en nuestra nación. ¿Cómo puedo vivir en uno de los condados más religiosos de la capital del país, pero que tiene la tasa de infección por COVID-19 más alta que la de mi estado natal? ¿Por qué la división racial está pasando a un primer plano en este momento? Es claro que Dios está humillando a nuestra nación y dándonos una oportunidad para cambiar. La mayor lección que aprendí de esa oración del Viernes Santo es que Dios tiene su propio plan.

Por eso puedo decir que *Nunca antes pasamos por este camino* brinda la mejor perspectiva bíblica que he escuchado en cuanto al punto en el que estamos hoy. R. T. Kendall intenta ayudarnos a sortear estas aguas difíciles respondiendo la pregunta «¿Dónde está Dios en medio de todo esto?». Este libro nos insta a regresar a las páginas de la Biblia. Nos llama a volver a dar los primeros y más importantes pasos para el arrepentimiento real, la renovación y la reforma de la cultura. El reverendo Kendall argumenta que los problemas más urgentes de nuestra nación —el COVID-19 y las tensiones raciales— tienen una raíz espiritual. Por tanto, esos problemas deben abordarse con estrategias prácticas y espirituales.

Nuestras iglesias más grandes a menudo se enfocan más en las necesidades del hombre que en la dirección y las instrucciones de Dios. Aunque la Biblia nos dice claramente que no nos apoyemos en nuestro propio entendimiento, la mayoría de los ciudadanos estamos atrapados en eso precisamente. Ello significa que nos enfocamos en lo que creemos acerca del rumbo que lleva el mundo, nuestras estrategias para derrotar el COVID-19 y los orígenes o curas de nuestros conflictos étnicos. El cristiano promedio cree que podemos utilizar la estrategia o la tecnología para resolver cualquier problema que se nos presente. Si todo lo que necesitamos es estrategia, ¿para qué necesitamos a Dios?

A lo largo de los años, hemos ido desviándonos de nuestra verdadera confianza en Dios para confiar en nuestro intelecto y en nuestra riqueza. Como resultado, los líderes eclesiales de otras naciones del mundo se preguntan si la iglesia está invirtiendo en poder político más que en poder espiritual. R. T. Kendall aboga, en forma clara, por el poder espiritual. Por eso insta a la iglesia a pensar bíblicamente y a regresar al abrigo de la misericordia y la bondad del Señor.

Hay dos pasajes bíblicos que ayudarán a cualquier lector a recibir valiosa instrucción personal y colectiva de este libro. La primera escritura es Amós 3:7 (RVR1960), que dice: «Porque no hará nada Jehová el Señor, sin que revele su secreto a sus siervos los profetas». El «secreto» al que se hace referencia aquí es en realidad el «entrenamiento secreto» del Señor. Dicho de otra manera, si Dios está trabajando en un propósito, las voces proféticas dan instrucciones y dirección.

R. T. Kendall está dando una guía personal y práctica sobre cómo debemos responder a lo que Dios está haciendo en nuestro mundo hoy. Por tanto, esta obra es sumamente profética. En términos históricos, nuestros profetas bíblicos instan al pueblo de Dios a volver a la justicia y la santidad.

Por desdicha, en momentos como estos, muchas personas quieren escuchar predicciones o pronósticos. La Biblia, sin embargo, nos señala un segundo pasaje acerca de los mensajes proféticos como el de este libro. Es tan sencillo y profundo que a menudo lo ignoramos. La Primera Epístola del apóstol San Pablo a los Corintios dice: «En cambio, el que profetiza habla a los demás para edificarlos, animarlos y consolarlos» (14:3).

Este libro tan atractivo y escrito en un modo asombroso, hace exactamente lo que deberían hacer los libros proféticos. Nos anima a caminar con Dios en este tiempo dificultoso. Presenta una elevada verdad teológica en porciones digeribles y adecuadas. Es una lectura obligatoria para estos tiempos.

Mientras lo leía, fui advertido, confrontado y corregido por el poder de la Palabra. Al final del proceso, se me dio el don de la perspectiva y la esperanza. Creo que la iglesia va a liderar la senda que nos llevará a resolver el problema racial de tantos años. Además, va a abordar el llamado a la reforma del sistema de salud en el siglo veintiuno. Estos son problemas tipo «ama a tu prójimo» que deben resolverse debido a las convicciones y el liderazgo de los cristianos. En el relato bíblico de la Pascua, surgieron tres beneficios cuando la nación de Israel fue liberada:

1. Salieron con plata y oro; hubo un reinicio económico para el pueblo de Dios.
2. No hubo débiles entre ellos. (Las personas que se vieron afectadas por otras enfermedades fueron sanadas).
3. Tuvieron instrucciones sobrenaturales en la tierra prometida contra la décima plaga.

Cuando hayamos obedecido completamente el mensaje profético de R. T. Kendall, se manifestarán en nuestras vidas beneficios similares a los de la Pascua de Israel.

Hace casi quince años me diagnosticaron un cáncer terminal. Me dijeron que solo tenía entre diez a quince por ciento de posibilidades para que sobreviviera cinco años más. Si no es por el diagnóstico, el excelente plan de tratamiento y el poder de Dios manifestado a través de la oración, estaría cantando en el coro celestial. El reverendo Kendall ha hecho por nosotros lo que mi médico hizo por mí. Nos ha dado un diagnóstico espiritual de los problemas de nuestra nación, nos ofrece un plan de tratamiento y nos da la capacidad de cooperar con la visión de Dios para unestro mundo.

—Obispo Harry R. Jackson, hijo.
Pastor de Hope Christian Church,
Beltsville, Maryland

PREFACIO

Hace poco, Casa Creación me preguntó si había algo en mi corazón relacionado con la crisis del coronavirus que anda por todo el mundo. «Sí», respondí, «de hecho, lo hay». Eso que ha estado en mi corazón se desarrolla en este libro. Pero no había pensado en escribir uno así hasta que me lo pidieron. De todos los libros que he escrito, dos se destacan cuando se trata de pensamientos que fluyen rápidamente: *Fuego santo*, que mi editor me pidió que escribiera, y este: *Nunca antes pasamos por este camino*.

Las instrucciones que Dios les dio a los hijos de Israel mientras se preparaban para entrar a Canaán —«Nunca antes han pasado por ese camino» (Josué 3:4)— me cautivaron hace más de veinte años cuando prediqué sobre el libro de Josué en la congregación Westminster Chapel. Esas palabras llegaron a mi mente durante los tumultuosos tiempos de la primera mitad de 2020 y de inmediato cuando mi editor se puso en contacto conmigo. Este libro ha sido escrito en el período de tiempo más breve de todos los que he escrito y, sin embargo, fluyó con la mayor facilidad de todos los que hice antes.

Eso no significa que sea lo más serio que he dicho. ¡Estoy seguro de que podría mejorarse si tuviéramos más tiempo!

Quiero expresar mi agradecimiento a Dan Cathy, director ejecutivo de Chick-fil-A. Aun cuando no lo conozco, ha tenido la amabilidad de permitirme citarlo como lo hago en el capítulo 5. Aunque no necesitaba preguntarle por razones legales ya que lo que dijo es de dominio público, quería asegurarme de que todavía se mantenía firme en lo que declaró: que la nación debe arrepentirse de su racismo.

Tengo la convicción de que el mundo actual está bajo juicio, al menos por cuatro razones: (1) el racismo, (2) la legalización del aborto, (3) la aprobación del matrimonio entre personas del mismo sexo y (4) el liberalismo teológico en muchas iglesias. Pero tengo esperanzas, de lo contrario no habría escrito este libro.

Mi agradecimiento a mi editora, Debbie Marrie, por invitarme a escribir esta obra y compartir mis puntos de vista sobre la crisis actual. Un gran agradecimiento a Joy Strang por dedicar tiempo a leer mi manuscrito. Además, gracias a mi esposa, Louise, mi mejor crítica, que ha sido dotada de sabiduría para leer todo lo que sigue. Este libro es dedicado a nuestros queridos amigos Paul y Sandy Berube de la congregación Gate City Church en Nashua, New Hampshire.

—R. T. KENDALL
Hendersonville, Tennessee
Julio de 2020

INTRODUCCIÓN

Nunca antes han pasado por ese camino
—Josué 3:4

Estamos viviendo dos grandes crisis en este momento. Ambas sin precedentes. Podría decirse que recibimos un golpe doble en el año 2020: (1) la crisis del coronavirus, que es un fenómeno natural y (2) los repentinos disturbios civiles que tienen su origen en el prejuicio racial. Es imposible definir ahora cuál de estos puede ser más difícil de solucionar.

El Señor no solo sabe perfectamente dónde hemos estado, sino que también sabe hacia dónde vamos. Se da cuenta cuando nos enfrentamos a lo inédito. El hecho de que, gentilmente, les diera esta palabra a los hijos de Israel —«Nunca antes han pasado por ese camino»— revela cuán amoroso y compasivo es el Dios de la Biblia. No puedo imaginar una palabra más reconfortante o consoladora que esta que les extendió a los hijos de Israel. Dios les dijo eso mientras se preparaban para llevar a los hijos de Israel a la tierra prometida, la tierra de Canaán.

En primer lugar, mientras escribo esto, todavía nos encontramos en lo que probablemente sea la crisis de salud más reveladora de la historia del mundo entero. Se llama crisis del coronavirus porque el brote de este virus ha provocado que muchas personas contraigan la enfermedad conocida como COVID-19. *CO* significa corona. *VI* significa virus. *D* es la inicial del vocablo inglés *disease*, que en castellano significa

19

«enfermedad». 2019 se refiere al año en que surgió por primera vez, según la Organización Mundial de la Salud (OMS). Eso da miedo. Preocupa. Incluso es aterrador.

Todos somos vulnerables. No solo ha estado en juego nuestra forma de vida; nuestras propias vidas lo están. Nuestra salud está en juego. Nuestras finanzas también. La seguridad de nuestros seres queridos también. Aquello con lo que hemos estado familiarizados toda nuestra vida es casi seguro que nunca volverá a ser igual. La nueva normalidad es que nada será normal como lo era anteriormente. En términos prácticos, todas las personas del mundo se han visto afectadas, en alguna manera, por ello.

Y, sin embargo, en segundo lugar, cuando parecía que el peligro del COVID-19 comenzaba a disminuir, surgió de repente otra crisis, lo que hizo que algunos pensaran que podría ser más impactante que lo que ya había aterrorizado a la nación. Sucedió durante la noche, cuando un oficial de policía blanco en Minneapolis, Minnesota, puso su rodilla en el cuello de un indefenso George Floyd —un hombre afroamericano de cuarenta y seis años— durante varios minutos hasta que murió. La noticia se difundió por todo el mundo en veinticuatro horas. Nunca en mi vida había visto tanta indignación como la causada por ese suceso. Estallaron violentas protestas en casi todas las grandes ciudades. A eso le siguieron manifestaciones pacíficas que condujeron a cambios políticos y sociales en muchos lugares.

Elegí el título de este libro, basado en las palabras de Dios en Josué 3:4, porque se relacionan muy bien con nuestro tiempo. Nos enfrentamos a la vida con *eso* que nunca antes se había presentado, pero también nos dirigimos a lugares *donde* nunca hemos estado.

Dios no tuvo que darle esta palabra a Josué para que la transmitiera a los hijos de Israel. Josué ya la sabía. Pero ¿por qué ordenó Dios que se dijera? Lo hizo para que recordaran que él estaba totalmente involucrado en lo que estaba sucediendo en la vida de los hijos de Israel. Él levantó a Moisés para que dirigiera a Israel y envió las diez plagas a Egipto. Él condujo a Israel a cruzar el Mar Rojo por tierra firme y luego destruyó los ejércitos del Faraón ahogándolos en ese mismo mar. Fue Dios el que envió alimento sobrenatural, el maná, para proveerles en el desierto durante cuarenta años.

Ahora, sin embargo, esa época había terminado. Por fin había llegado el momento de que Israel entrara en la herencia prometida. Sin embargo, a su líder, Moisés, no se le permitió entrar en Canaán. Eso hizo que el futuro fuera más desafiante. Antes de morir, la batuta se le había pasado a Josué. Ahora la carga pesaba sobre él. Pero cuando Moisés murió, Dios le aseguró a Josué: «Así como estuve con Moisés, también estaré contigo; no te dejaré ni te abandonaré» (Josué 1:5).

Por lo tanto, el hecho de que Dios se molestara en decirles a los hijos de Israel: «Nunca antes han pasado por ese camino», reveló cuán íntimamente unido estaba al pueblo de Israel y cuán tierno y celoso era en el cuidado que tenía con ellos. De hecho, eso muestra que se había metido directamente en la piel de la gente. Así como Jesús, nuestro gran Sumo Sacerdote sería conmovido por nuestras debilidades miles de años después (Hebreos 4:15), el Dios eterno ya había mostrado tiernamente su amor al antiguo Israel. Dios quería que Josué supiera que sabía exactamente lo que todos sentían; sabía todo lo que estaba en sus mentes. Como diría más tarde el salmista:

> SEÑOR, tú me examinas, tú me conoces. Sabes cuándo me siento y cuándo me levanto; aun a la distancia me lees el pensamiento. Mis trajines y descansos los conoces; todos mis caminos te son familiares. No me llega aún la palabra a la lengua cuando tú, SEÑOR, ya la sabes toda.
>
> —SALMOS 139:1-4

Israel era la posesión más preciada del Señor (Deuteronomio 7:6). ¿Por qué Dios se sintió así con respecto a Israel?
Había una única razón: porque los amaba. Pero ¿por qué?
No porque fueran numerosos. No porque fueran buenos. No
porque fueran dignos. «El Señor se encariñó contigo y te eligió,
aunque no eras el pueblo más numeroso, sino el más insignificante de todos. Lo hizo porque te ama y quería cumplir su
juramento a tus antepasados; por eso te rescató del poder del
faraón, el rey de Egipto, y te sacó de la esclavitud con gran
despliegue de fuerza» (Deuteronomio 7:7-8). Entonces, ¿por
qué ama Dios a Israel? *Porque sí.*

¿Por qué ama Dios a alguno de nosotros? *Porque sí.* No
es por nuestra bondad, sino por su propósito y su gracia
(2 Timoteo 1:9). Eso significa que somos completamente
indignos de su misericordia y su gracia.

Así como Israel tuvo que seguir adelante sin Moisés, nosotros también tenemos que enfrentar el futuro con nuevos líderes. Los líderes respetados del pasado, tanto espirituales como
políticos, ya no están con nosotros. Nuestros padres, viejos
amigos y las personas en las que de alguna manera nos hemos
apoyado en busca de sabiduría se han ido. Nos sentimos inti-
midados. Asustados. Casi abrumados.

Sin embargo, es igualmente cierto que así, como estuvo
con Moisés, Dios estará con nosotros. Él no quiere que nos
apoyemos en el pasado. «Nunca preguntes por qué todo tiempo pasado fue mejor. No es de sabios hacer tales preguntas»
(Eclesiastés 7:10).

Hoy estamos involuntariamente apartados de lo que nos
es familiar. Tú y yo no decidimos alejarnos de ello. No se nos
consultó. Otros lo decidieron por nosotros. Con poca o ninguna advertencia. Nos guste o no, de repente todos tenemos que
hacer frente a lo nuevo y diferente.

En un tiempo fui vendedor de aspiradoras y tenía que ir
de casa en casa tocando puertas. No era lo que quería hacer.
Fue una época dolorosa. Tuve que salir de mi rutina; debido a

una gran deuda que contraje (porque no sabía cómo lidiar con el dinero), tuve que aceptar un trabajo de lo más insignificante que me permitiera pagar las cuentas. Fueron días difíciles. Aunque eso fue hace más de cincuenta años, casi no pasa una semana —hasta la actualidad— en que no sueñe con la lucha que entablaba para vender aspiradoras a personas a las que no les interesaba comprar una ni remotamente. Hace poco me desperté recordando las palabras con las que solía entrar en las casas para mostrar el aparato. Era muy humillante y vergonzoso. Mientras mis compañeros de mi antigua universidad en Nashville pastoreaban iglesias, yo andaba de una casa a otra, tocaba el timbre y decía: «Hola. Soy R. T. Kendall. Vengo a mostrarle algo nuevo y diferente para su hogar». Hice eso por más de seis años.

Las crisis actuales —nuevas y diferentes— no tienen que ver con ventas. El dinero no cambia las cosas. La aflicción del COVID-19 hace que mi antiguo trabajo de vender aspiradoras, aun cuando me lanzaran las puertas en la cara, parezca algo consolador y hasta divertido. La constante amenaza de violencia en cualquier lugar, debido a que alguien haga o diga algo imprudente, es tan inquietante como el miedo a contraer una enfermedad mortal.

En cuanto al punto mencionado anteriormente de que no se nos consultó si permitiríamos que estas crisis se presentaran en nuestro camino, la pregunta es: ¿Quién decidió eso? En cuanto a COVID-19, ¿quién lo trajo? ¿La Organización Mundial de la Salud? ¿China? ¿Un ejército multinacional? ¿Algún gobierno del mundo? ¿Dios? En cuanto a los repentinos disturbios que preocupan a la nación debido al cruel acto de un oficial de policía, ¿quién tiene la culpa? ¿El prejuicio racial? ¿El débil liderazgo político? ¿O es Dios el responsable?

La pregunta que plantean los cristianos, o las que nos harán los no cristianos, es: ¿Dónde está Dios en todo esto? Me encantó lo que escuché decir al cardenal Timothy Dolan, de Nueva York, en Fox News hablando de la crisis del coronavirus: «Dios está precisamente en el medio».[1] ¡Sí! Sin embargo, eso podría significar que Dios lo causó o que decidió intervenir e involucrarse en eso después de que sucedió. Pero, ¿dónde estaba Dios en la crisis nacional más reciente? ¿Está Dios juzgando al mundo? Necesitamos pensar seriamente en esta y otras cuestiones, las que discutiré más a fondo en este libro.

Algunos dicen que el cristianismo no tiene una respuesta para el COVID-19, ni debería tenerla. Eso es triste. ¡Por supuesto que tenemos una respuesta! Además, como veremos, Dios *espera* que nos preguntemos por qué ha sucedido todo esto. ¡Seríamos oscurantistas si no lo hiciéramos! Como cristianos, creemos en dos verdades infalibles: (1) la creación solo es hecha por Dios (Génesis 1), y (2) Jesucristo sustenta todas las cosas, *todas*, incluido el universo entero, «por la palabra de su poder» (Hebreos 1:3). Por lo tanto, estamos obligados a preguntar: «¿Causó Dios estas dos crisis? ¿O las *permitió* de manera consciente y voluntaria?».

Algunas personas bien intencionadas afirman que Satanás fue el autor de lo que sucedió, ya que dicen que Dios *nunca* sería responsable de nada malo. Disparates. Escuche las siguientes palabras:

> ¿Ocurrirá en la ciudad alguna desgracia que el Señor no haya provocado? … Castigué sus campos con plagas y sequía; la langosta devoró sus huertos y viñedos, sus higueras y olivares. Con todo, ustedes no se volvieron a mí —afirma el Señor—. Les mandé plagas como las de Egipto. Pasé por la espada a sus mejores jóvenes, junto con los caballos capturados. Hice que llegara hasta sus propias narices el hedor de los cadáveres. Con todo, ustedes no se volvieron a mí —afirma el Señor.
>
> —Amós 3:6; 4:9-10

Hemos oído hablar, últimamente, de varios incendios severos en Australia. Langostas en África. ¿Quién puede decir que Dios no haría eso?

Algunos optamos por creer lo que es agradable puesto que nos hace sentir bien. Mira lo que dice Isaías:

> Yo formo la luz y creo las tinieblas, traigo bienestar y creo calamidad; yo, el Señor, hago todas estas cosas.
>
> — Isaías 45:7

Estos pasajes no parecen conciliarse con la mayoría de los púlpitos cristianos ni la predicación de hoy. Y, sin embargo, «hay caminos que al hombre le parecen rectos, pero que acaban por ser caminos de muerte» (Proverbios 16:25). «Parece» correcto decir que Dios solo hace cosas buenas pero, si algo es malo, debe ser del diablo. Aun cuando debe tenerse en cuenta el papel de Satanás, Dios ciertamente ha generado cosas malas una y otra vez.

Debemos preguntarnos: «¿Dónde está Dios en medio de lo que sucedió en 2020? ¿Es Satanás más poderoso que Dios?». Debemos ver las dos crisis por separado y no abarcar todo lo que ha sucedido con un vistazo general.

El doctor Martyn Lloyd-Jones (1899-1981) me enseñó una lección teológica basada en el relato de Moisés en la zarza ardiente. Moisés vio una zarza en llamas, pero la zarza no se consumía. Eso era extraño, por lo que Moisés decidió dirigirse directamente a la zarza ardiente para averiguar qué hizo que se incendiara y, sin embargo, no se consumiera. Al acercarse a la zarza ardiente, Dios intervino y dijo: «*Detente*. No te acerques más. Quítate los zapatos. Estás en tierra santa» (paráfrasis mía de Éxodo 3:5).

No solo eso; Moisés escondió su rostro, porque tenía «miedo de mirar a Dios» (Éxodo 3:6). A Moisés lo que le interesaba era temer a Dios, dejar que él actuara como Dios que es, por eso no le importó desconocer las cosas. Eso comprueba que Dios no nos permitirá descubrir lo que él no quiere que descubramos. Hay algunas cosas que Dios quiere que sigan siendo un misterio. Por lo tanto, hay cosas que Dios no *permite* que entendamos. Mi conclusión acerca de este relato es que *la diferencia entre lo que Dios hace y lo que permite es tierra santa. Así que quitémonos los zapatos y adoremos.*

En una palabra: Dios permitirá que lleguemos lejos en cuanto a entender sus caminos, pero no más. Algunos de nosotros corremos el peligro de permitir que la razón o la lógica, más que las Escrituras, controlen nuestras conclusiones. La verdad es que debemos ceñirnos a las Escrituras y no tratar de resolverlo todo. Debemos quitarnos los zapatos y adorar. Debemos estar dispuestos a no saberlo todo. Puedes estar seguro de esto: Dios no permitirá que descubramos lo que él no quiere que descubramos. Si nos esforzamos por descubrir lo que Dios no quiere que averigüemos, solo porque queremos que las cosas estén limpias y ordenadas, terminaremos aceptando no solo lo que no es cierto, sino incluso lo que es extraño.

El ejemplo de la zarza ardiente ciertamente se aplica a la crisis del coronavirus. No debemos apresurarnos a intentar comprender su origen. Debemos quitarnos los zapatos.

Sin embargo, la actual crisis con los disturbios en el caso de Estados Unidos es más fácil de entender. Esto se debe a que al ser una nación «bajo Dios» y tener una Declaración de Independencia y una Constitución que nacieron con el fin de honrar al Dios Creador, estamos obligados a creer que Dios se involucra en las cosas de este país. No hay duda de que la mano de Dios ha estado sobre Estados Unidos de América. El estribillo del himno dice la verdad:

¡América! ¡América!
¡Dios derramó su gracia sobre ti!
—KATHARINE LEE BATES (1859-1929)[2]

¿Está Dios en lo profundo de los disturbios actuales en tantos países? Sí.

Considera la pregunta: «¿Quién crucificó a Jesús?». ¿Tienes idea de quién crucificó a Jesús? Hay al menos seis puntos de vista, cada uno de ellos verdadero:

1. Lo hizo Poncio Pilato. Como gobernador romano que era, los judíos necesitaban su autorización y su permiso para crucificar a Jesús. Pilato ordenó la crucifixión (Mateo 27:26; Marcos 15:15; Lucas 23:25; Juan 19:16).

2. Lo hicieron los soldados romanos. De hecho, fueron los hombres que literalmente hicieron el atroz trabajo de crucificar a Jesús (Juan 19:23).

3. Lo hicieron los judíos. Ellos fueron los que persuadieron a Pilato para que ordenara la crucifixión de Jesús y le dijeron: «¡Su sangre sea sobre nosotros y nuestros hijos!» (Mateo 27:25).

4. Lo hizo Satanás. El diablo entró en Judas Iscariote (Juan 13:2, 27), que luego traicionó a Jesús. De hecho, Satanás pensó que él era el autor intelectual de la crucifixión. Si Satanás y los gobernantes de esa época hubieran sabido a qué conduciría la crucifixión de Jesús, «no habrían crucificado al Señor de la gloria» (1 Corintios 2:8).

5. Lo hicimos tú y yo. Oh sí. Fueron nuestros pecados los que llevaron a Jesús al Gólgota. No olvides esto nunca: lo hicimos. Como dijo John Newton en su himno: «Vi mis pecados por los que su sangre fue derramada y ayudé a clavarlo allí».[3]

6. Lo hizo Dios. Isaías lo vio con cientos de años de anticipación: Jesús fue «herido por Dios»; era la «voluntad del Señor quebrantarlo y hacerlo sufrir» (Isaías 53:4, 10).

Las Escrituras también dicen, citando el sermón de Pedro el día de Pentecostés, que la crucifixión se llevó a cabo «según el plan definido y la presciencia de Dios» (Hechos 2:23). Pedro también dijo que Jesús fue crucificado y «asesinado por manos de malvados» (Hechos 2:23). Esta perspectiva se expresó nuevamente cuando la iglesia primitiva estaba siendo perseguida. Oraron, alzando la voz juntos, notando que Herodes y Poncio Pilato, junto con los gentiles y el pueblo de Israel, hicieron «todo lo que tu mano y tu plan habían predestinado que se cumpliera» (Hechos 4:28).

La crucifixión de Jesús es el acto más perverso de los seres humanos en la historia del mundo. Nada se compara con eso. Fue un ejemplo de infinita injusticia.

Dicho esto, entonces, recuerda que Dios fue responsable de lo que sucedió el Viernes Santo. Los ejemplos anteriores también muestran cómo se podría ofrecer más de una explicación antes de recibir el veredicto de Dios: que él es soberano y todopoderoso. Eso muestra que hubo más de una explicación para lo que sucedió, es decir, hasta que Dios intervino para dar la causa concluyente de la crucifixión de Jesús.

¿Podría ser eso cierto con respecto a la última crisis en Estados Unidos? Sí. El aliento de Satanás ha estado en toda la violencia: la matanza y el daño causado a las fuentes de trabajo y al comercio, paralizando aún más la economía. Satanás está en medio de todo eso. Así como el diablo entró en Judas, también ha planeado el reciente derramamiento de sangre. Matar a George Floyd fue un acto de Satanás. Eso fue lo que inició la segunda crisis de 2020. Pero aprendemos —en el Libro de Job— que Satanás no puede ir más allá de lo que Dios le permita. Y no olvides la lección principal que debes aprender del Libro de Job. Este le confesó a Dios: «Yo sé bien que tú lo puedes todo, que no es posible frustrar ninguno de tus planes» (Job 42:2).

Opto por creer, creer con todo mi corazón, que Dios no ha quitado por completo su mano de nuestra nación. Lo mismo ocurre con el Reino Unido y muchas otras naciones. Si nos ha dejado desamparados, no hay absolutamente nada que podamos hacer al respecto. Pero también creo que, si estas crisis son una forma más en la que él está tratando de llamar nuestra atención, entonces hay esperanza. Como fue Dios, en última instancia, el responsable de la injusticia cometida contra su Hijo el Viernes Santo, aunque Satanás también mostró su fea mano en casi todo eso, hay razones para creer que él está tramando algo muy maravilloso en este día.

> Porque mis pensamientos no son los de ustedes, ni sus caminos son los míos —afirma el SEÑOR—. Mis caminos y mis pensamientos son más altos que los de ustedes; ¡más altos que los cielos sobre la tierra!
> —ISAÍAS 55:8-9

No se nos ordena que lo averigüemos todo. Pero podemos averiguar algunas cosas. En cualquier caso, se nos ordena adorar.

Dios dice: «Yo estoy contigo. Nunca te dejaré ni te desampararé. Nunca antes han pasado por ese camino».

Esa verdad reconfortante e indudable me impulsa a arrodillarme para pedirle a Dios misericordia. Esas palabras —«Nunca antes han pasado por ese camino»— son el preludio de un milagro: la división del río Jordán y los israelitas entrando en su herencia prometida. A menos que Dios abriera esas aguas, sus pies nunca hubieran caminado sobre ese suelo o ese terreno. Necesitamos que Dios abra las aguas para que podamos avanzar como pueblo de Dios hacia un territorio donde nunca antes habíamos estado.

Creo genuinamente que eso está llegando. Da el primer paso conmigo mientras caminamos por donde nunca antes habíamos pasado.

Capítulo uno

DÓNDE HEMOS ESTADO ANTES

Escogió a su siervo David,
al que sacó de los apriscos de las ovejas.
—Salmos 78:70

Calma, mi alma, que Dios te guiará
en el futuro como en el ayer.
—Kathrina von Schlegel (1697-1797),
traducido por Jane Borthwick (1813-1897)

Dios sabe de dónde venimos. Conoce perfectamente nuestro pasado: nuestros pecados, nuestros fracasos, nuestros éxitos, nuestras debilidades, todo lo que influye en nosotros, nuestro peregrinaje espiritual, nuestros límites. Él lo sabe todo. Cosas que hemos olvidado, Dios las recuerda. Según Pablo, Dios eligió el momento y el lugar de nuestro nacimiento. Esto significa que escogió a nuestros padres.

> De un solo hombre hizo todas las naciones para que habitaran toda la tierra; y determinó los períodos de su historia y las fronteras de sus territorios.
> —Hechos 17:26

¿Te has preguntado alguna vez por qué naciste en el siglo veinte y no en el año 500 a. C.? ¿Te has preguntado por qué no naciste en Mongolia o en Ecuador?

Esto es lo que sé: «El SEÑOR ha hecho todo para sus propios propósitos, incluso al perverso para el día de la calamidad» (NTV). «Todas las cosas ha hecho Jehová para sí mismo» (RVR1960).

No sé por qué nací en Kentucky. He escuchado a mis padres contar cómo se conocieron y cómo oraron por un hijo. Mis padres eran cristianos piadosos. No eran perfectos. Perdí los estribos a los seis años cuando me quemé la lengua con avena caliente, acusando a mi madre de calentar demasiado las cosas. Ella me dijo: «Cuando seas santificado, Dios te quitará ese temperamento». Eso no ayudó en nada, al contrario, me enfureció más.

Mi primera maestra de escuela tenía algunos métodos de enseñanza extraños. Creo que ella fue la responsable de mi incapacidad para leer bien o disfrutar de la lectura. Se paraba detrás de mí mientras leía un libro frente a la clase e inmediatamente sacudía mis hombros cuando pronunciaba mal una palabra, haciéndome llorar frente a todos. Ella me dio un susto de muerte. Estoy seguro de que esa es principalmente la razón por la que todavía tengo que luchar para concentrarme y mantener mis ojos en una oración, ya sea que esté leyendo un libro secular o la Biblia.

David, hijo de Isaí, no solo se convirtió en rey de Israel, sino que fue el rey más grande de Israel. David también fue poeta, músico, guerrero; de hecho, un genio militar y autor de muchos salmos. No solo fue elegido de entre los rediles de las ovejas, sino que su padre lo subestimó enormemente. El gran profeta Samuel fue a su casa a cenar para ungir al próximo rey. Isaí tenía ocho hijos, solo le presentó a siete de ellos a Samuel. Ni siquiera le informó al joven David que el legendario Samuel estaba en aquel lugar. No pasó por la mente de Isaí que David era el hombre que Dios había elegido para ser el próximo rey de Israel. Pero, como le dijo Dios a Samuel: «No te dejes impresionar por su apariencia ni por su estatura, pues yo lo he rechazado. La gente se fija en las apariencias, pero yo me fijo en el corazón» (1 Samuel 16:7).

Eso debería animarnos a muchos de nosotros. Puede que no seas bien educado, muy culto o instruido; es posible que tu empleador, tu maestro de escuela o tus padres te subestimen. Hasta puede que estés seguro de que hay pocas posibilidades de que Dios use a alguien tan insignificante e incompetente como tú. A eso respondo: tú eres el individuo que Dios considera calificado para hacer la siguiente tarea que él necesita realizar. Puede que seas la última persona que los que te conocen esperarían que fueras. Tus amigos y tus hermanos pueden subestimarte. De hecho, hasta pueden estar celosos de ti. Los hermanos de David le tenían envidia (1 Samuel 17:28).

David era un hombre conforme al «corazón» de Dios (1 Samuel 13:14; Hechos 13:22). Eso es tener un corazón que anhela agradar a Dios: obedecerlo. No significa que seas perfecto. David no lo era. (Ver 2 Samuel 11). Dios no usa hombres y mujeres perfectos (¡no hay ninguno!); utiliza hombres y mujeres perdonados. Un buen ejemplo: Pedro, que predicó el sermón inaugural el día de Pentecostés. Seis semanas antes, Pedro demostró ser un cobarde y negó siquiera conocer a Jesús. Eso lo convirtió en el candidato más improbable para que Dios lo usara. Pero, después de arrepentirse, demostró ser poderoso y fiel, y hasta escribió dos libros en el Nuevo Testamento.

Tu infeliz pasado podría convencerte de que Dios no podrá usarte nunca. Temes que cualquier plan que Dios pueda haber tenido para ti ahora se haya dejado de lado. Después de todo, has pasado un tiempo en prisión. Te practicaste un aborto. Te casaste con el «hombre equivocado» o con la «mujer inadecuada». Le fuiste infiel a tu cónyuge. Manejaste mal el dinero, incluso lo robaste. Arruinaste otras vidas con lo que dijiste acerca de ellos, lo cual era hasta falso. No fuiste amable con tus padres. O has sido un padre peor que ellos. Dios sabe *dónde has estado*. Él sabe lo que *has sido*.

Piensas que no tienes un futuro brillante debido a tu falta de educación. No sabes con certeza que posees un talento valioso. ¿Desconoces si estás bien conectado? No tienes ninguna posibilidad de nada. Eres un don nadie.

El Dios de la Biblia disfruta cuando toma a un don nadie y lo convierte en alguien valioso.

Reuben Robinson nació el 27 de enero de 1860 en el condado de White, Tennessee. Era tartamudo, dejó la escuela a los nueve años y no sabía leer ni escribir. A sus veinte años, un extraño se interesó por Reuben y lo invitó a una reunión en una tienda de campaña, donde se predicaba todas las noches. Reuben supuestamente respondió algo como lo siguiente: «No sé dónde está eso ni qué es, pero como usted me ha expresado tanto amor, iré».

Así que fue y escuchó la predicación. Al final del sermón se hizo un llamado, invitando a las personas a acercarse al altar, arrodillarse y confesar sus pecados. Su amigo le sugirió a Reuben que pasara al frente para que se arrodillara y orara. A lo que él respondió: «No sé dónde está ni qué es, pero iré». Así que oró y le pidió a Dios que lo salvara. Se convirtió. Poco tiempo después, Reuben se sintió llamado a predicar a pesar de que era tartamudo y, en gran medida, carecía de educación.

Se hizo conocido como el tío Buddy Robinson y no solo se convirtió en una leyenda en mi antigua denominación, la Iglesia del Nazareno, sino que —según se informa— condujo a más de 250.000 almas a Cristo. A mis padres les encantaba presumir de que acogieron al tío Buddy en su casa poco después de que ellos se casaron.

Dios mira el corazón. Ese pensamiento me alienta, incluso en nuestros días. Por sorprendente que eso pueda parecerles a algunos lectores, no creo que haya logrado todo lo que deseo hacer. Te diré por qué. Cuando tenía diecisiete años, me hice amigo del senador estadounidense de Kentucky, John

Sherman Cooper (1901-1991). Se me permitió no solo ver el debate del Senado, sino también ir a la oficina del presidente del Senado (que también es el vicepresidente de los Estados Unidos). Mientras estaba en su oficina, alguien dijo: «¿Por qué no se sienta en la silla del presidente?». Cosa que hice. Entonces alguien dijo: «Todos los que se sientan en esa silla piden un deseo, ¡así que pida el suyo!». No tengo ni idea de por qué hice eso, pero bajé la cabeza en silencio y dije: «Hazme un gran ganador de almas».

Esa oración no tiene respuesta. He escrito algunos libros, he predicado en muchos lugares y he llevado a algunas personas a Cristo. Pero no muchos. Hubo un tiempo en el que aspiraba a ser un gran teólogo. En una de esas épocas quise probar ciertos puntos de vista, es decir, hasta que tuve una visión en los escalones de la capilla de Westminster, después de haber seguido a Arthur Blessitt por las calles para hablar con los transeúntes. Tuve la visión de una luz piloto, una luz que permanece encendida día y noche, como en una cocina o un horno. Sabía, en lo profundo de mi corazón, que Dios me estaba llamando a evangelizar a las personas una por una. Hasta entonces razonaba que cumplía con mi deber como evangelista al predicar el evangelio desde el púlpito todos los domingos. Es más fácil predicar a cientos de individuos que hablar con una persona, especialmente con un extraño. Por eso, sufrí intensamente. Mi deseo de ser un gran teólogo (aun cuando vano, para ser sincero) mejoró algo. Me dispuse a ser un ganador de almas individuales. Así que, con la visión antes mencionada, nació nuestro ministerio Pilot Light. En las palabras de una de las estrofas del himno «Lo alabaré»:

> Aunque el camino parezca recto y estrecho,
> todo lo que clamé se olvidó;
> Mis ambiciones, planes y deseos,
> A mis pies yacían deshechos.
>
> —Margaret J. Harris (1865-1919)[1]

Desde aquella noche que cambió mi vida en Buckingham Gate, he aspirado principalmente a ser evangelista, ganador de almas, un creyente que predique el evangelio con poder y autoridad. Hasta que vaya al cielo, esperaré con todo mi corazón que esa oración que expresé a la edad de diecisiete años sea respondida.

Dios puede decirnos a cualquiera de nosotros: «Nunca antes habías pasado por ese camino», porque él sabe exacta y absolutamente dónde hemos estado, qué hemos hecho, qué no hemos hecho y dónde estamos en este momento.

CÓMO OLVIDAR EL PASADO

¿Te avergüenzas de tu pasado? ¿Te preocupas por los pecados acaecidos? Tal vez creas que le has fallado a la gente y los has defraudado. Quizás pienses que le has fallado a Dios. ¿Sabes si tus pecados han sido perdonados? ¿Sabes, en caso de que murieras hoy, si irías al cielo? Puedes decir que no crees en la Biblia, pero citaré un versículo de ella con el que estarás totalmente de acuerdo: «Está establecido que los seres humanos mueran» (Hebreos 9:27). Todos vamos a morir. Es posible que no te agrade la segunda parte de ese versículo, que dice que después de morir, te enfrentarás a un «juicio». Eso significa que estarás delante de Dios. Yo también, nos guste o no, tú y yo tendremos que dar cuenta de lo que hicimos. No será nada divertido. Será el día más aterrador de nuestras vidas. Y, sin embargo, es posible que sepas de antemano cómo se juzgará tu caso ese día del juicio. Podrías decir que puedes «llegar a un acuerdo extrajudicial».

Debes saber dos cosas, sin embargo. La primera es que Dios envió a su Hijo, Jesucristo, al mundo con el fin de que llevara una vida perfecta a nombre tuyo —es decir, en tu lugar— para que luego muriera por ti. Él dijo que eso era el cumplimiento de la ley (Mateo 5:17), es decir, vivir en obediencia a los Diez Mandamientos; en pensamiento, palabra y acción sesenta segundos por minuto, sesenta minutos por hora, veinticuatro horas al día, todos los días de tu vida. Jesús hizo eso por ti, es decir, como tu sustituto, ya que —en realidad— tú no puedes vivir así.

Somos pecadores, el único que nunca pecó fue Jesús (Hebreos 4:15). A la edad de treinta y tres años fue crucificado. Estuvo colgado de la cruz y pendió de ella por casi seis horas, soportando la peor clase de dolor jamás conocido por el ser humano. Mientras estaba en esa cruz, todos nuestros pecados le fueron imputados como si él mismo los hubiera cometido. Asumió la culpa nuestra por los pecados que cometimos. En realidad, es por eso que vino a este mundo. Ese era el propósito de su venida. No solo eso, Dios castigó a Jesús ese día por lo que hicimos nosotros. La sangre que derramó satisfizo la ira y la justicia de Dios. Él fue la *propiciación* por nuestros pecados (Romanos 3:25; 1 Juan 2:2). Esa palabra significa que Jesús apartó la ira del Padre de nosotros.

La segunda cosa que necesitas saber es que debes reconocer que eres pecador, gemir por tus pecados y luego *transferir la confianza* que has tenido en ti mismo a Jesús y lo que hizo por ti con su vida sin pecado y su muerte como sacrificio. A eso se le llama fe salvadora. Es lo que te lleva al cielo. E implica que debes abandonar cualquier esperanza que tengas en tus buenas obras para salvarte, independientemente de cuán grandes hayan sido esas obras.

Si de verdad crees eso en tu *corazón*, enhorabuena. Solo el Espíritu Santo puede hacer que te sientas así.

A continuación te sugiero una oración con el fin de que le expreses a Dios que te dé eso y que te brinde la seguridad de que eres verdaderamente salvo.

> *Señor Jesucristo, te necesito. Te anhelo. Sé que soy pecador. Me arrepiento de mis pecados. Gracias por morir en la cruz por mis pecados. Lávalos con tu sangre, por favor. Creo que eres Dios encarnado y que resucitaste de entre los muertos. Acojo a tu*

Espíritu Santo en mi corazón. Es lo mejor que pue-
do hacer, te doy mi vida. Amén.

Quizás seas simplemente un cristiano nominal. Lo que significa que aceptas ciertas verdades cristianas en tu intelecto,
pero no en tu corazón. Posiblemente confíes en tu bautismo,
en la membresía de tu iglesia o en haber nacido en un hogar
cristiano. A decir verdad, tu confianza sincera radica en tus
buenas obras. Lo cual significa que nunca te has convertido al
evangelio; es decir, no eres salvo. Por eso te insto a leer otra
vez lo que escribí anteriormente. Pídele a Dios que te permita
lamentarte por tus pecados. O te sientes así o no eres creyente.

Quizás seas un cristiano lánguido. Eso significa que a pesar
de que creíste genuinamente, tu fe se ha enfriado. No has sido
fiel en cuanto a llevar una verdadera vida cristiana. Has acep-
tado ciertas prácticas sociales que alguna vez rechazaste. Has
perdido el sentido de indignación por las prácticas que van en
contra de las Sagradas Escrituras. Has obviado esas cosas y te
has negado a pensar en ellas. La Biblia no te emociona como
antes. El tiempo que pasabas a solas con Dios en oración ya es
casi inexistente. Cuando alguien se acerca a ti con cariño por
esas cosas, te pones a la defensiva y te enojas. Dicho eso, las
crisis recientes te han calmado. Dios está comenzando a llamar
tu atención. Por lo tanto, te insto a que vuelvas a leer tu Biblia.
Vuelve a orar como lo hiciste una vez y busca a Dios con todo
tu corazón. Te sugiero que hagas la siguiente oración:

Padre celestial, lamento haberme apartado de ti.
Lamento mi indiferencia y mi incapacidad para orar
y leer tu Palabra como lo hacía antes. Gracias por
la llamada de atención que me hiciste. Gracias por
avisarme al fin. Lamento la forma en que he vivido,
los pensamientos que he acogido y por aceptar las
cosas que afligen tu corazón. Por favor, perdóna-
me. Lava mis pecados con tu sangre. Gracias por la

palabra que me extiendes en 1 Juan 1:9, donde dice que «Si confesamos nuestros pecados, Dios, que es fiel y justo, nos los perdonará y nos limpiará de toda maldad». Gracias porque no me has dejado del todo. Le doy la bienvenida al Espíritu Santo en la medida en que una vez lo disfruté. En el nombre de Jesús, amén.

Dios ha tenido su mano sobre ti todo el tiempo. Él sabe dónde has estado. Él sabe a dónde vas y que «nunca antes habías pasado por ese camino».

Capítulo dos

EL SECRETO FAMILIAR

Y sabemos que a los que aman a Dios, todas las cosas
les ayudan a bien, esto es, a los que conforme a su
propósito son llamados.
—ROMANOS 8:28 RVR1960

Si hoy tienes dinero, poder y estatus, se debe al siglo y
al lugar en el que naciste, a tus talentos, tus capacidades
y tu salud, ninguno de los cuales ganaste. En resumen,
todos tus recursos son, al final, un don de Dios.
—TIMOTHY KELLER

HE USADO ROMANOS 8:28 casi por completo, junto con mi nombre, en los últimos sesenta y cinco años al firmar una carta o un libro. Me apoyo en ese versículo todo el tiempo. Si supieras con cuánta frecuencia me he equivocado a lo largo de los años —cosa que todavía hago más de lo que deseo—, entenderías por qué me encanta este versículo. ¡Qué gran promesa! Eso significa lo que dice, que todo lo que sucedió en el pasado ha de obrar para bien. No dice que las cosas buenas funcionen juntas para bien. Las cosas buenas no necesitan trabajar juntas para siempre. ¡Ya son buenas! Lo que quiere decir la promesa es que las cosas que *no son buenas* funcionan juntas para bien.

Este versículo refleja un principio más amplio. En lo que se refiere a este tema en particular, hay dos perspectivas opuestas: existencialismo versus teodicea. El *existencialismo* es una filosofía sin expectativa que afirma que no hay rima ni razón para nuestra existencia. Que no hay ningún propósito en lo que ocurre. Que en cuanto a la maldad y la perversidad, ocurren y nada más; que nunca sabes por qué. ¡Eso es erróneo! Por otro lado está la *teodicea*: la opinión de que la vida tiene un propósito y un significado. Nuestro Dios Creador es un Dios de propósito. Un día, Dios terminará las cosas, limpiará su nombre y magnificará la honra de su Hijo. «Para que ante el nombre de Jesús se doble toda rodilla en el cielo y en la tierra y debajo de la tierra, y toda lengua confiese que Jesucristo es el Señor, para gloria de Dios Padre» (Filipenses 2:10-11).

El apóstol Pablo no dice que todo lo que pasa es bueno. No hay nada bueno en que un avión se desplome a tierra. No hay nada bueno en un huracán ni en un tornado. No hay nada bueno en un accidente que deja a alguien herido o lisiado. No hay nada bueno en perder la vista o el oído. No hay nada bueno en perder el trabajo. No hay nada bueno en cuanto al COVID-19. No hay nada bueno en que un policía malvado ponga su rodilla en el cuello de un hombre indefenso hasta que muera. No hay nada bueno en las protestas violentas que dañan las tiendas y eliminan los puestos de trabajo. No hay nada bueno en ser odiado o rechazado por el color de tu piel.

Podrías preguntar: «¿Qué pasa con mis pecados? ¿Romanos 8:28 cubre también mis pecados?». A lo que respondo con firmeza y seguridad: «Si Romanos 8:28 no cubre mis pecados, tiene poco significado para mí. Mi penitencia más dolorosa está constituida por los pecados que he cometido y su subsecuente culpa». Entonces ¿cubre, Romanos 8:28, mis pecados? *Sí*. «Todas las cosas les ayudan a bien a los que aman a Dios y a los que conforme a su propósito son llamados». ¡Qué versículo tan maravilloso y reconfortante!

Sí, Dios sabe dónde hemos estado. Él se compadece de nuestra necedad, de nuestro comentario irrespetuoso, de la amistad que perdimos, de la decisión apresurada que resultó ser tan mala, de nuestras heridas y de todo lo que hay en nuestro vergonzoso pasado.

NUESTRO PASE GRATIS

¿Por qué Romanos 8:28 es el *secreto familiar*? Por dos razones. Primero, ¡no todos creen en eso! No se espera que todos lo crean. Solo los miembros de la familia lo creen. Es probable que digas: «No creo, en lo más mínimo, que todas las cosas ayuden a bien». A lo que el apóstol Pablo responde: «Nunca pensé que lo harías. No es para ti que lo dije; es para los de la familia». Por eso dice: «Lo *sabemos*. Puede que no, pero nosotros lo sabemos».

En segundo lugar, la promesa es verdadera solo para los que aman a Dios, para «los que conforme a su propósito son llamados». Ciertamente, todas las cosas no ayudan al bien de los demás. Lo cierto es que no funcionan así. Los que están fuera de la familia experimentan lo contrario: caos, inquietud, problemas, confusión, desesperanza. Las cosas no ayudan a bien para los que no son salvos.

Precaución: el hecho de que algo funcione bien, en definitiva, no significa que sea correcto o adecuado siempre. El esposo puede decirle —respecto a algo— a su esposa: «Mira, eso demuestra que yo tenía razón». Puede que no muestre eso en lo absoluto. Dios hizo que todo obrara para bien, ¡pero eso no te justifica siempre!

Otra advertencia: es para los que *aman* a Dios: tiempo presente. Esta promesa no se aplica a aquellos que alguna vez amaron a Dios, pero ya no sienten amor por él. Mientras las personas vivan en un estado de languidez, como vimos anteriormente, no necesitan esperar que todo ayude a bien para siempre. Difícilmente. Pero para aquellos que se arrepienten de su descarrío y aman a Dios, ¡Dios se pone a trabajar por ellos! Después de todo, es él quien hace que esto suceda. Las cosas no funcionan juntas automáticamente para siempre. Las cosas funcionan juntas para bien porque Dios *hace que todas las cosas funcionen juntas para bien.*

Pero ¿cómo sabemos eso? ¡Hemos descubierto que eso es verdad! Cuando Pablo dice «sabemos», usa la palabra griega *oidamen.* Esto se refiere al conocimiento de un hecho popular: lo que sube debe bajar; el agua es líquida; el sol está caliente; el día tiene veinticuatro horas. Nadie discute esos hechos. Esa es la palabra que usa Pablo: «sabemos», de *oída.* Todo cristiano puede testificar de la verdad de este versículo. Puede que lo bueno no se descubra mañana por la tarde, pero en un momento vemos que Dios hace que el pasado, lo que sea que haya en él, al fin resulte en bien.

Romanos 8:28, por tanto, es un versículo que se refiere al *pasado.* Dios sabe dónde hemos estado. No es un versículo que le dé a alguien carta blanca para vivir irresponsablemente. Se refiere al pasado, no al futuro. Romanos 8:28 es la forma en que Dios dice: «No quiero que te sientas culpable». Es la forma en que Dios afirma: «En cuanto al pasado, déjamelo a mí; mira lo que hago».

Dios tomará a un hombre sin educación y con dificultades para hablar llamado Reuben y lo convertirá en una leyenda. Dios puede tomar a un joven pastor llamado David que no tenía idea de que Dios estaba en su caso y que lo convertiría en uno de los hombres más grandes de todos los tiempos. A Dios le encanta tomar a un don nadie y convertirlo en alguien.

Dios no quiere que lo ayudes. Así que no digas: «Debo asegurarme de que lo que hice ayude para bien; por lo tanto, debo hacer esto». Si intentas hacer que algo funcione para siempre, cada vez empeorará más. Dios no quiere tu ayuda; él quiere toda la gloria para él. Es el mismo principio con respecto a la reivindicación. Si nos reivindicamos a nosotros mismos, o incluso tratamos de hacerlo en cierta medida, Dios retrocederá y permitirá que veas el desastre que harás sin él.

Estamos al borde de iniciar un nuevo capítulo en nuestras vidas. Todos. Lo que tenemos por delante presenta el desafío más importante que hemos conocido. Dios lo sabe. Lo entiende y nos muestra el camino a seguir. El mismo Dios que nos ha guiado en el pasado no nos abandonará ahora. Y, en cuanto al pasado, Dios sabe exactamente dónde ha estado cada uno de nosotros. El secreto familiar es nuestro pase libre a un pasado libre de culpa. Dicho eso, podemos saber que el propio Dios que asegura que todas las cosas ayudan a bien es el mismo Dios que promete permanecer cerca de nosotros mientras nos dirigimos a donde nunca hemos estado.

Él no nos abandonará.

Capítulo tres

LA GLORIA

Con la siguiente orden: «Cuando vean el arca del pacto del Señor su Dios, y a los sacerdotes levitas que la llevan, abandonen sus puestos y pónganse en marcha detrás de ella».
—Josué 3:3

... puestos los ojos en Jesús,
el autor y consumador de la fe.
—Hebreos 12:2 RVR1960

MUCHOS AFICIONADOS AL cine estarán familiarizados con la película *Indiana Jones en busca del arca perdida*. Supuestamente está vinculada a la misma arca de la que he hablado en algunas oportunidades. Aunque el arca de la película se basa completamente en fábulas, no había nada supersticioso en cuanto al arca original del pacto. Dios la diseñó totalmente. Los israelitas la construyeron en el desierto durante sus cuarenta años de estadía allí. Era un arcón de madera de acacia, de un metro con diez centímetros de largo, setenta centímetros de ancho y setenta centímetros de alto. La tapa, una losa de oro puro, se convirtió en el propiciatorio en el lugar más santo, o Lugar Santísimo, en el tabernáculo antiguo. «Me reuniré allí contigo», dijo Dios (Éxodo 25:22). El sumo sacerdote entraba al Lugar Santísimo una vez al año (en el Día de la Expiación) y rociaba la sangre de un animal en el propiciatorio para hacer

47

expiación por los pecados del pueblo. Las dos tablas de los Diez Mandamientos, una vasija con el maná que el pueblo comió en el desierto y la vara de Aarón que reverdeció reposaban dentro del arca.

El arca era un símbolo de la gloria de Dios. En efecto, era más que un simple símbolo. La presencia inmediata de Dios estaba de alguna manera incorporada al arca. Años más tarde, el Señor mató a setenta hombres de Bet-semes «porque miraron el arca del Señor», posiblemente observaron lo que había dentro de ella (1 Samuel 6:19). Años después, un hombre llamado Uza murió al tocar el arca (2 Samuel 6:6-7). Uno de los momentos más cumbres de su reinado fue cuando el rey David llevó con éxito el arca a Jerusalén; por lo que estaba muy feliz (2 Samuel 6:12-15).

La palabra *gloria* proviene del hebreo *kabodh*, que significa denso o peso, alta estatura o importancia. Por otro lado, en griego, la palabra para gloria es *doxa*, que significa alabanza. Su raíz significa opinión. La gloria de Dios es la dignidad de su voluntad u opinión. La gloria es lo más cerca que se puede intentar describir la esencia de Dios. Es la suma total de todos sus atributos. Hay muchos atributos de Dios: omnipotencia (es todopoderoso), omnisciencia (es omnisciente) y omnipresencia (está en todas partes). Él es santo, amoroso, justo y soberano. Pero la palabra *gloria* abarca todos esos atributos. Esteban, cuando testificó ante el Sanedrín, lo llamó «el Dios de gloria» (Hechos 7:2). Moisés anhelaba ver la gloria de Dios, sobre todo, pero solo se le permitió ver su «espalda» (Éxodo 33:18-23). «Yo soy el SEÑOR; ¡ese es mi nombre! No entrego a otros mi gloria, ni mi alabanza a los ídolos» (Isaías 42:8). Por otra parte, el rey Herodes se vistió con sus ropas reales y disfrutó con la gente gritando que su voz era la voz de Dios y no la de un hombre. El ángel del Señor hirió a Herodes «porque no le dio a Dios la gloria» (Hechos 12:23).

Cuando glorificamos a Dios, realmente, es porque nos enfocamos por completo en él, le damos la alabanza solo a él y le damos prioridad a su opinión, a su voluntad. Dios tiene voluntad propia. No es nuestro deber cambiarla, sino descubrir cuál es y honrarla. Cuando pronunciamos la petición «Hágase tu voluntad, en la tierra como en el cielo» del Padrenuestro (Mateo 6:10), afirmamos que la voluntad de Dios siempre se está cumpliendo perfectamente en el cielo. Allí no hay rebelión, ni entre los ángeles ni entre los santos muertos. Oramos para que suceda lo mismo con nosotros; estamos orando para que nos sujetemos completamente a su voluntad. Nunca debemos olvidar que Dios tiene su propia opinión sobre lo que es mejor para nosotros. Somos tontos si no lo seguimos. Hay una gran recompensa para aquellos que buscan su opinión, la obtienen y la siguen. Y esa divina opinión se encuentra en las Sagradas Escrituras.

> La ley del SEÑOR es perfecta: infunde nuevo aliento. El mandato del SEÑOR es digno de confianza: da sabiduría al sencillo. Los preceptos del SEÑOR son rectos: traen alegría al corazón. El mandamiento del SEÑOR es claro: da luz a los ojos. El temor del SEÑOR es puro: permanece para siempre. Las sentencias del SEÑOR son verdaderas: todas ellas son justas. Son más deseables que el oro, más que mucho oro refinado; son más dulces que la miel, la miel que destila del panal. Por ellas queda advertido tu siervo; quien las obedece recibe una gran recompensa.
>
> —SALMOS 19:7-11

Es casi seguro que la gente común de Israel no había puesto sus ojos en el arca del pacto. Pero el día elegido para que se despidieran del desierto y se dirigieran a Canaán, se les permitió verla. Sin embargo, había una advertencia:

> Así sabrán por dónde ir, pues nunca antes han pasado por ese camino. Deberán, sin embargo, mantener

como un kilómetro de distancia entre ustedes y el arca; no se acerquen a ella.

—JOSUÉ 3:4

La gente común, es decir, todas las tribus excepto los levitas, debían mantenerse a cierta distancia del arca, a un kilómetro, por dos razones. La primera era mostrar respeto por el arca. Para honrarla. A Israel se le enseñó desde el principio a mostrar una deferencia solemne por el arca. Esta es una sugerencia para que no seamos demasiado atrevidos ni confianzudos con el Señor. Aunque Dios ciertamente quiere que disfrutemos de la intimidad con él y que lo conozcamos como Abba (Romanos 8:15), el equivalente arameo de papá. Sin embargo, para algunos de nosotros ese es el único aspecto de Dios que vemos cuando lo adoramos. En consecuencia, queremos sentir la majestad y la maravilla de Dios. No obstante, su gloria no se refleja mucho en muchas canciones religiosas escritas en nuestro tiempo.

En segundo lugar, se estipuló la distancia de un kilómetro para que todos pudieran ver siempre el arca. Porque si esa distancia no se hubiera fijado así, solo los que hubieran estado cerca del arca la habrían podido ver. Necesitaban ver no solo la gloria de Israel, sino también hacia dónde se dirigían. No iban a viajar sin rumbo fijo. Los levitas elegidos llevaban el arca. Los postes que caben a través de los huecos a los lados del arca permitieron que esos hombres la movieran sin tocarla.

Puesto que los hijos de Israel nunca habían estado en ese camino, necesitarían mantener sus ojos en el arca para sentirse seguros y protegidos. Se sentirían seguros y sabrían que no se quedarían atrás mientras pudieran ver el arca. El escritor de Hebreos pensó precisamente en eso cuando se refirió a «puestos los ojos en Jesús, el autor y consumador de nuestra fe» (Hebreos 12:2). Eso está dirigido a los cristianos hebreos a quienes se les había instado a recibir la herencia prometida y a no repetir el fatal error de los judíos antiguos que no cumplieron la promesa.

NUESTRO DIOS ES UN DIOS CELOSO

Un elemento integral de la gloria de Dios lo constituyen sus celos. Dios es celoso, lo sabe. Y no se disculpa por ello. «El Señor es muy celoso. *Su nombre es Dios celoso*» (Éxodo 34:14, énfasis agregado). Dio esto como la razón del segundo mandamiento:

> No te hagas ningún ídolo, ni nada que guarde semejanza con lo que hay arriba en el cielo, ni con lo que hay abajo en la tierra, ni con lo que hay en las aguas debajo de la tierra. No te inclines delante de ellos ni los adores. Yo, el Señor tu Dios, soy un Dios celoso. Cuando los padres son malvados y me odian, yo castigo a sus hijos hasta la tercera y cuarta generación. Por el contrario, cuando me aman y cumplen mis mandamientos, les muestro mi amor por mil generaciones.
>
> —Éxodo 20:4-6

El hecho de que nuestro Padre celestial sea un Dios celoso es una verdad maravillosa por la que todos debemos estar profundamente agradecidos. Si eres padre, sabes que eso es lo que sientes por tus hijos. Sientes celos por su seguridad, por su buena salud y por su éxito. Eso es precisamente lo que Dios siente por nosotros.

Mantener los ojos puestos en Jesús, en la gloria de Dios, te conserva alejado de problemas. Te evitará errores lamentables. Siempre que mantengas tus ojos en su gloria, sabrás cuál es el siguiente paso a dar. Estarás a salvo. También podrás ver milagro tras milagro, el equivalente a cruzar el Jordán en tierra firme, ver caer los muros de Jericó y conquistar a todos los enemigos que Dios ponga en tu camino.

Nunca antes habías pasado por ese camino. Pero tienes el privilegio de ver la gloria hasta el final. Una de las promesas más magníficas y reconfortantes es la siguiente:

> Porque sol y escudo es Jehová Dios; gracia y gloria dará Jehová. No quitará el bien a los que andan en integridad.
>
> —SALMOS 84:11 RVR1960

El sol aporta luz y calor. Es escudo representa protección contra cualquier persona o cosa que pueda dañarte. Él promete bendecirte y exaltarte. Nada bueno se te negará, sino que se te otorgará. Caminar con rectitud no significa que seas perfecto; significa que quieres mantener tus ojos en la gloria de Dios.

¿Estás preocupado por tu futuro? ¿Te preocupa cómo vas a sobrevivir al doble golpe que ha caído sobre las naciones? ¿Tienes miedo a morir? ¿Estás amenazado por las incógnitas de un futuro completamente diferente? Nunca antes habías pasado por ese camino, pero tu paz mental está garantizada si amas la gloria de Dios.

Jonathan Edwards (1703-1758) dijo que lo único que Satanás no puede producir en nosotros es amor por la gloria de Dios. La carne no puede producirlo, tus amigos no pueden transmitírtelo y el dinero no puede comprarlo. No se hereda de los mejores padres del mundo. La educación más excelente no te permitirá amar la gloria de Dios. Entonces, si la idea de mantener tus ojos en la gloria de Dios hace que tu corazón dé un salto, ¡felicitaciones! ¡Solo Dios puede poner eso ahí!

TRES COSAS QUE HARÁ LA GLORIA DE DIOS

Una vía rápida por la cual puedes conocer los caminos de Dios es comprender varias formas en que la gloria de Dios debe entenderse y aplicarse en la Biblia. Abrazar la gloria de Dios hace tres cosas por ti, las cuales paso a explicar.

1. Te hace sentir indigno de ser cristiano.

Eres consciente de la bondad de Dios, sabiendo que la pura gracia es la responsable de tu conversión. Sí, hiciste una decisión. Sí, te arrepentiste. Sí, confiaste en la sangre de Jesús. Pero ¿cómo hiciste eso?

El gran Charles Spurgeon (1834-1892) se encontró un día en una iglesia metodista y comenzó a hacerse esta pregunta: «¿Cómo llegaste a ser cristiano?». Lo pensó por un momento cuando de repente dijo: «Vi que Dios estaba en el fondo de todo».[1]

El evangelio está diseñado para que Dios reciba toda la gloria por nuestra salvación. Pero debemos estar dispuestos a no atribuirnos el mérito por la forma en que Dios se complace en usarnos. El presidente Ronald Reagan (1911-2004) tenía una placa en su escritorio de la Oficina Oval que decía: «No hay límite para lo que un hombre puede hacer o adónde puede ir si no le importa quién recibe el crédito».[2] Este es el mismo principio que subyace al evangelio de la gracia; es el mismo principio que nos llevará a donde nunca hemos estado. Mantener sus ojos en el arca permitió a los hijos de Israel llegar a la tierra que les fue prometida.

Mantener nuestros ojos en Jesús nos protegerá, prosperará y proveerá para nosotros en estos tiempos inciertos.

2. Te evita sentir que tienes derecho.

Cuando Moisés pidió ver la gloria de Dios, recibió varias lecciones específicas acerca de los caminos de Dios. Dios le dijo: «Y verás que tengo clemencia de quien quiero tenerla, y soy compasivo con quien quiero serlo» (Éxodo 33:19). Esto permite que sepas que, si Dios es misericordioso contigo, debes estar muy, muy agradecido. Eso se debe a que Jesús te ha elegido. Lo que les dijo a sus discípulos ahora lo dice de ti:

«No me escogieron ustedes a mí, sino que yo los escogí a ustedes» (Juan 15:16). Todos somos como Natanael, que le dijo a Jesús: «¿De dónde me conoces?». A lo que Jesús respondió: «Antes de que Felipe te llamara, cuando aún estabas bajo la higuera, ya te había visto» (Juan 1:48).

El sentimiento inevitable al percatarnos de que Dios ha estado en nuestro asunto es la *gratitud*. Todo lo que podemos hacer es decir: «Gracias, Señor». Es humillante. Nos asombra mucho. Preguntamos por qué y Dios responde: «No intentes resolverlo. Solo quítate los zapatos y adora».

Lo opuesto a la gratitud es sentir que tienes derecho. El sentido del derecho está muy extendido en el mundo en general y entre muchos cristianos en particular. Ver la gloria de Dios nos hará sentir indignos y agradecidos. Como veremos, consciente de lo fácil que es olvidar, Dios enseñó a los hijos de Israel a ser agradecidos.

3. La revelación de la gloria de Dios te convence de lo real que es Dios.

No hay nada más gratificante que la presencia inmediata y directa de Dios. Los hijos de Israel disfrutaron la provisión del maná en el desierto. Aquella era comida sobrenatural. Habían visto cómo, durante esos años, los libró Dios de sus enemigos —de Sehón, rey de los amorreos y de Og, rey de Basán— y cómo la gloria visible de Dios los condujo. «La nube del SEÑOR reposaba sobre el santuario durante el día, pero durante la noche había fuego en la nube, a la vista de todo el pueblo de Israel» (Éxodo 40:38).

El arca del pacto se convirtió en la manifestación visible por la cual los hijos de Israel sabían que eran guiados por Dios y eran conscientes de que no estaban siendo engañados. Todo lo que tenían que hacer era mantener los ojos en el arca. Las columnas de nube y de fuego ahora llegarían a su fin. Comer el maná sobrenatural también estaba por terminar. De hecho, nada volvería a ser «normal»; la nueva normalidad sería que nada sería normal como lo habían conocido.

Para decirlo de otra manera, ahora tendrían que vivir enteramente por fe. Mientras podamos ver la presencia visible de Dios, se necesita poca o ninguna fe. Mientras podamos comer alimentos sobrenaturales, se requiere poca o ninguna fe. Hebreos 11 describe a hombres y mujeres que hicieron lo que hicieron por fe: creer en Dios sin ver la evidencia (Hebreos 11:1). Tú y yo ahora estamos llamados a hacer en nuestros días lo que ellos hicieron en los suyos. El desafío que tenemos ante nosotros es formidable. Nunca antes habíamos sido así. Todos vamos a descubrir muy pronto si nuestra fe es real, genuina, auténtica.

Tenemos la oportunidad de seguir los pasos de los que aparecen descritos en Hebreos 11. Cada uno de ellos tenía en común que no podían repetir lo que hizo la persona de fe anterior. Noé no pudo repetir el traslado de Enoc al cielo. Abraham no pudo hacer lo que hizo Noé; en vez de construir un arca, Abraham salió sin saber a dónde iba (Hebreos 11:8). Y así fue con cada persona descrita en Hebreos 11.

Ahí es donde hoy estamos tú y yo. No solo tenemos que ir por donde nunca hemos estado; sino que vamos donde nadie ha estado. Por supuesto, eso suena aterrador. Pero tenemos el mismo Dios que tenían todos los que nos han precedido.

Todo lo que tú y yo tenemos que hacer en esta era golpeada por partida doble es mantener nuestros ojos en Jesús. «Porque Dios, que ordenó que la luz resplandeciera en las tinieblas, hizo brillar su luz en nuestro corazón para que conociéramos la gloria de Dios que resplandece en el rostro de Cristo» (2 Corintios 4:6). Como dice el coro, volvamos nuestros ojos a Jesús y «miremos su maravilloso rostro».[3]

Cuán maravilloso es que el Dios de gloria se encargue de llevarnos a donde nunca hemos estado. Todo lo que necesitamos es mantener nuestros ojos puestos en él.

Capítulo cuatro

¿ESTÁ EL MUNDO
BAJO JUICIO?

*¡Ay de los que llaman a lo malo bueno
   y a lo bueno malo,
que tienen las tinieblas por luz
   y la luz por tinieblas,
que tienen lo amargo por dulce
   y lo dulce por amargo!*
—Isaías 5:20

*¡Dios omnipotente! Rey, que ordenas con tus
trompetas los grandes vientos y los relámpagos
con tu espada, muestra tu piedad en lo alto, donde
reinas; danos la paz en nuestro tiempo, oh Señor.*
—Henry F. Chorley (1808-1872)

*En aquella época no había rey en Israel; cada uno
hacía lo que le parecía mejor.*
—Jueces 21:25

En tu ira ten presente tu misericordia.
—Habacuc 3:2

¿Qué está pasando en la tierra?

Primero, COVID-19. Se infiltró en nuestras vidas poco a
poco. En enero de 2020, estaba predicando en Seúl, Corea del

Sur. Allí se reportaron uno o dos casos de coronavirus. Volamos a Londres a principios de febrero. En el Reino Unido se informaron algunos casos del virus, que se dice que provino de Wuhan, China. No tomé aquello en serio. Pero a principios de marzo las cosas empezaron a cambiar drásticamente. La vida en Londres se volvió aterradora. Una alta proporción de casos del virus se produjo en la misma zona en la que residíamos. Mi médico me instó a salir de Inglaterra de inmediato. Tuve que cancelar mi itinerario de predicación durante varios meses.

El 15 de marzo, Louise y yo volamos desde el aeropuerto de Heathrow en Londres a Estados Unidos. Fue el penúltimo avión en salir de Heathrow antes de que el presidente Donald Trump prohibiera la entrada de todos los vuelos internacionales a Estados Unidos. Pronto se ordenó un cierre total. Los informes de COVID-19 mostraban que los casos estaban aumentando rápidamente, ahora por miles. Se reportaron cientos de muertes, especialmente en hogares de ancianos en Nueva York, Nueva Jersey y Seattle, Washington. Se decía que las personas mayores de sesenta años (los dos tenemos ochenta) eran las más vulnerables. Debido a que a cientos de miles de personas no se les permitió regresar al trabajo, la economía nacional se vio gravemente afectada. Se cerraron restaurantes, escuelas e iglesias. El aumento del desempleo fue el más alto que se recuerde. Sin embargo, a mediados de mayo las cosas empezaron a mejorar. La gente comenzaba a respirar aliviada.

En segundo lugar, el 25 de mayo de 2020, ocurrió un hecho que bien puede compararse a una infamia, como la del bombardeo de Pearl Harbor el 7 de diciembre de 1941: el malvado asesinato de George Floyd en Minneapolis, Minnesota. Una nueva crisis surgió de la noche a la mañana, que posiblemente prometía crear más miedo y preocupación que la causada por el COVID-19. Personas de todo el país protestaron por el asesinato de un hombre afroamericano a manos de un oficial de policía blanco. La gente culpó a la policía.

Miles de personas en todo Estados Unidos destruyeron tiendas, comercios e incluso arruinando muchas pequeñas empresas. Algunas personas exigieron la abolición total de la policía, mientras que otras pidieron retirar los fondos a la policía en todas las ciudades. Unos días después del funeral de George Floyd, otro policía blanco disparó y mató a un hombre negro, Rayshard Brooks, en Atlanta. La violencia estalló de nuevo. El jefe de policía de Atlanta dimitió. Surgieron nuevos llamamientos para la abolición de la policía.

Nunca soñé que vería el día en que en Estados Unidos habría un gran número de personas cumpliendo la advertencia de Isaías: gente que llama al mal bien y al bien mal. Eso es lo que ha estado sucediendo ante nuestros ojos. El aliento de Satanás se siente en casi todo el mundo. Prácticamente todas las noticias tratan de personas en las calles que protestan ante la amenaza de violencia que estalla en cualquier momento. Ninguno de nosotros ha visto algo así. Es casi como si nos hubiéramos olvidado del COVID-19, aunque luego surgieron amenazas de una segunda ola. La amenaza del coronavirus seguía cobrando importancia.

¿Está Dios juzgando a las naciones? ¿Se explica mejor ese doble golpe como el juicio de Dios sobre nosotros? Sí.

¿Por qué se molestaría Dios en juzgar a nuestros países? ¿Será porque algunos tienen una relación especial con él? ¿Será que somos como Israel, algunas naciones están bajo un pacto divino?

Una cosa es segura: en nuestro caso, nuestros antepasados decidieron traer a Dios a nuestro gobierno. No teníamos que llamarnos a nosotros mismos una nación «bajo Dios». Elegimos hacerlo. Por consiguiente, Dios nos ha honrado. «Bienaventurada la nación cuyo Dios es el Señor» (Salmos 33:12). «La justicia enaltece a una nación, pero el pecado deshonra a todos los pueblos» (Proverbios 14:34).

La diferencia entre el pacto de Dios con Israel y la relación de una nación con Dios es simple: Dios inició su pacto con

Israel. Algunos países eligieron instaurarse bajo la tutela de Dios.

Pero en algún momento las cosas empezaron a cambiar. Es difícil decir exactamente cuándo. Podría haber comenzado en los primeros tiempos. Muchos de nuestros padres eran dueños de esclavos. ¿Pasó Dios «por alto» esa costumbre, como dijo Pablo una vez? (Hechos 17:30). No estoy muy seguro. A nivel personal, difícilmente hay uno de nosotros, es decir, tú y yo, que no admitiría que Dios pasó por alto nuestra necedad en un momento u otro y siguió bendiciéndonos. Gracias a los esfuerzos de William Wilberforce (1759-1833), con la ayuda del autor de himnos John Newton (1725-1807), Inglaterra declaró ilegal la esclavitud en 1833. «Sublime Gracia» es probablemente el himno más conocido de la historia. En la primera estrofa, Newton dice: «Gracia asombrosa, ¡qué dulce es el sonido que salvó a un desgraciado como yo!».[1] ¿Tienes alguna idea de cómo era John Newton antes de su conversión? Él escribió su propio obituario para ponerlo en su lápida. He llevado a muchos amigos a su tumba en Olney, Buckinghamshire, Inglaterra, para que lo vean directamente:

> JOHN NEWTON. El una vez infiel y libertino traficante de esclavos en África, fue —por la rica misericordia de nuestro SEÑOR y SALVADOR JESUCRISTO— preservado, restaurado, perdonado y designado para predicar la fe a la que había combatido durante mucho tiempo tratando de destruirla.[2]

Esto también muestra que Inglaterra precedió a Estados Unidos en el trato con la esclavitud.

Aunque me crie en la Iglesia del Nazareno, me convertí en Bautista del Sur. Más tarde fui al Seminario Teológico Bautista del Sur en Louisville, Kentucky. Tomé un curso de historia bautista. Me sorprendió bastante saber que los bautistas del sur tenían un secreto muy bien guardado. El comentario de apertura de mi profesor, por sorprendente que pueda resultarte a ti, lector, fue prácticamente este: «Por vergonzoso que sea admitirlo, la Convención Bautista del Sur nació en 1845 debido al tema de la esclavitud; se separó de los bautistas del norte para que la gente pudiera poseer esclavos si ese era su deseo». No es improbable que la incipiente ira de Dios estuviera presente incluso entonces. Y, sin embargo, creció hasta convertirse en la denominación protestante más grande de Estados Unidos (14,8 millones, 47.456 iglesias) y fue la de más rápido crecimiento hasta que, por alguna razón, se desaceleró en los últimos años.[3]

Sin embargo ¿cuándo se hizo evidente que Dios no seguía bendiciendo a Estados Unidos como lo había hecho durante siglos? ¿Cuando Estados Unidos no ganó la guerra de Vietnam? ¿O cuando el asesinato del Dr. Martin Luther King? ¿Cuando el liberalismo teológico se coló en casi todas las universidades y seminarios? ¿Fue en 1973, cuando la Corte Suprema de Justicia de Estados Unidos aprobó la ley Roe v. Wade y aprobó el aborto por cualquier motivo sin sanción alguna? ¿Fue cuando el matrimonio entre personas del mismo sexo comenzó a aceptar una aprobación generalizada?

Lo sé: en algún momento, un número cada vez mayor de estadounidenses comenzó a resentir que se les llamara una «nación bajo Dios» y se negaron a recitar el Juramento a la Bandera. Algunos comenzaron a despreciar sin tapujo la frase «En Dios confiamos» grabada en nuestra moneda o el canto del himno nacional.

Al mismo tiempo, un sentimiento de derecho propio ha estado al acecho en los corazones de muchos cristianos, incluidos los evangélicos. Hemos asumido que somos especiales y que Dios está obligado a poner personas en cargos políticos que preserven la vida como la conocemos. En mi libro *¿Qué pasó con el evangelio?* señalé que algunos líderes cristianos parecen estar más apurados por elegir un presidente de derecha que por la difusión del evangelio. Asumen que su elección política debe ser la elección de Dios. Es como si algunos líderes olvidaran que todos los hombres y las mujeres van a morir, que necesitan ser salvados, y actúan como si la vida —tal como la conocemos— fuera lo que debe preservarse por encima de cualquier otra cosa.

¿Es posible que Dios nos esté preparando para la segunda venida? Si así es, esto es indudablemente más importante que mantener la vida como la conocemos. ¿Qué pasa si la nueva normalidad —eso de que nada será como antes— es la manera en que Dios llama nuestra atención y nos pone de rodillas?

CUATRO RAZONES PARA EL JUICIO DE DIOS AL MUNDO

Hay una larga lista de cosas que han provocado el juicio de Dios sobre el mundo. Cuatro de ellas se destacan en mi mente encabezando esa lista. Ya sea directa o indirectamente, cada una de ellas se conecta con nuestro Dios creador como está escrito en el Libro de Génesis. Génesis enseña que todos los hombres y las mujeres fueron creados a imagen de Dios. Dios decidió crear a todas las personas, hombres y mujeres. Eso significa que todas las personas del mundo, cualquiera sea el color de su piel, son *seres humanos por los que Jesús murió* (Hebreos 2:9; 2 Corintios 5:14-15).

1. El racismo

En la Declaración de Independencia está escrito lo siguiente:

> Sostenemos que estas verdades son evidentes por sí mismas, que todos los hombres son creados iguales, que están dotados por su Creador de ciertos derechos inalienables, que entre estos se encuentran la vida, la libertad y la búsqueda de la felicidad.

La forma en que tantos ciudadanos blancos, incluidos los cristianos, han tratado a los afroamericanos durante incontables años no ha pasado inadvertida para Dios. Esto no difiere del pecado de la iglesia primitiva de Jerusalén cuando los cristianos de clase media descuidaron al «pobre» (Santiago 2:6). Así que hoy los gritos de los afroamericanos «han llegado a oídos del Señor de los ejércitos» (Santiago 5:4). Eso es lo que ha sucedido. Dios escuchó esos gritos e intervino para juzgarnos.

En muchos lugares, los cristianos han liderado el camino de la perpetuación del racismo. Parecen haber olvidado que *todas* las personas son seres humanos creados *igualmente* a imagen de Dios. Parece que no se dieron cuenta de eso, por lo que no se sintieron culpables. He escuchado líderes cristianos que cuentan chistes racistas y se ríen a carcajadas sin ningún remordimiento aparente en su conciencia. Si no fuera por la gracia soberana de Dios, no podría evitar preguntarme por qué la gente afrodescendiente alguna vez abrazó el evangelio predicado por los cristianos blancos. No me sorprende que ellos —desde su nacimiento hasta su sepultura, el día de hoy— se cohíban y muchos tengan miedo de salir al público, todo por el color de su piel.

Algunos ciudadanos detestan la idea de que las vidas de los negros cuentan y desprecian a los líderes que luchan por la justicia. Las vidas negras son importantes para Jesús y, con suerte, para los que leen estas líneas. Dudo que a muchos líderes cristianos se les haya ocurrido que Dios se alistó para juzgar al mundo por el racismo que está arraigado en nuestra cultura. Creo que una de las razones por las que Dios honró a Billy Graham fue que se negó a realizar una cruzada a menos que todas las reuniones estuvieran integradas por completo. También espero que los líderes evangélicos blancos, no solo los liberales, lideren el camino para abrazar a los afroamericanos.

2. El aborto legalizado

Esto solo demuestra la manera en que el mundo se ha desviado de Dios y de la justicia. La Biblia es clara en cuanto a que la vida comienza en la concepción. El hecho de que el feto de seis meses saltara en el vientre de Isabel cuando la virgen María se presentó con el Hijo de Dios en su vientre, de tan solo unos días de nacido, es una prueba infalible de que Juan el Bautista y Jesús ya eran seres humanos (Lucas 1:35-45). David dijo:

> Tú creaste mis entrañas; me formaste en el vientre de mi madre. ¡Te alabo porque soy una creación admirable! ¡Tus obras son maravillosas, y esto lo sé muy bien! Mis huesos no te fueron desconocidos cuando en lo más recóndito era yo formado, cuando en lo más profundo de la tierra era yo entretejido. Tus ojos vieron mi cuerpo en gestación: todo estaba ya escrito en tu libro; todos mis días se estaban diseñando, aunque no existía uno solo de ellos.
> —SALMOS 139:13-16

La decisión de la Corte Suprema en 1973 de permitir el aborto por cualquier motivo sin sanción abrió el camino para innumerables abortos en los Estados Unidos. Según la organización National Right to Life Educational Foundation, se han realizado más de sesenta millones de abortos en la Unión Americana desde 1973.[4] Esto es incalculablemente malvado. Ello significa que más de sesenta millones de seres humanos han sido asesinados por aborto. Eso es casi la población total de California (39.5 millones[5]) y de Nueva York (19,5 millones[6]) juntas. Y, sin embargo, aquellos que defienden millones de abortos dicen que este mal es algo bueno. La tendencia ahora es aceptar el aborto de un niño de nueve meses en el útero. Dios está enojado. El golpe por partida doble ha descendido sobre nosotros debido al juicio divino. No quisiera estar en la piel de esos políticos y jueces de la Corte Suprema que han legalizado los asesinatos de esos seres humanos.

3. El desprecio al Dios Creador

Una de las verdades más maltratadas y violadas de la Biblia en los últimos años es la forma en que las personas han ignorado deliberadamente el propósito de Dios en cuanto a hacer que la humanidad se constituya solamente de hombre y mujer.

> Dios creó al ser humano a su imagen; lo creó a imagen de Dios. Hombre y mujer los creó.
>
> —GÉNESIS 1:27

Esta fue la idea de Dios en cuanto a cómo se poblaría la tierra. El matrimonio cristiano era el plan y el propósito de Dios. Las relaciones sexuales entre un hombre y una mujer no nacieron en Hollywood sino en el trono de la gracia. Sin embargo, la visión bíblica del matrimonio cristiano entre un hombre y una mujer ha sido eclipsada en gran medida en la actualidad por la aprobación general del matrimonio entre personas del mismo sexo. Tan recientemente como hace diez años, la mayoría de los ciudadanos desaprobaban esa aberración. Incluso el presidente Obama se opuso al matrimonio entre personas del mismo sexo en su primer mandato. Su decisión de aprobarlo en su segundo mandato llevó a millones a verlo de manera diferente y desestigmatizar lo que la Biblia considera una abominación (Levítico 18:20; Romanos 1:26-27). Esto muestra el desprecio por nuestro Dios creador, que hizo a la humanidad hombre y mujer con un propósito.

El transgénero ha recibido la misma aprobación pública que el matrimonio entre personas del mismo sexo. La gente quiere afirmar que nacieron en el cuerpo equivocado y quieren cambiar el sexo que Dios les dio. Si bien es indudable que debemos amar y aceptar a quienes se han sometido a procedimientos para cambiar de sexo, exhorto a quienes lo están contemplando a que no lo hagan. Las estadísticas muestran que la mayoría de los que han tenido esa modificación lo lamentan y no les trae la felicidad que esperaban.

4. El liberalismo en las iglesias

En términos generales, las principales denominaciones han dejado de defender la inspiración divina de las Sagradas Escrituras. Esto se debe principalmente a los seminarios y los departamentos de teología de las universidades e instituciones educativas por doquier. Esto ha sucedido en parte porque querían respetabilidad. Querían demostrar que estaban a la vanguardia en cuanto hacia dónde se dirige la teología. Esto se debe en gran parte a que se toman en serio a ciertos teólogos.

La influencia de Paul Tillich (1886-1965), Karl Barth (1886-1968) y Rudolf Bultmann (1884-1976) es en parte la razón. Mi profesor de teología en el seminario en que estudié dijo esto: «Pasé del fundamentalismo a Barth, de Barth a Tillich, de Tillich a la teología del proceso y, ahora, no sé dónde estoy».

La enseñanza del teísmo sin tapujos, que lamentablemente están adoptando cada vez más líderes de la iglesia, es —en esencia— teología del proceso: que Dios es receptivo con nosotros y nos espera para enriquecernos; que él no conoce el futuro, pero busca información sobre nosotros para saber qué hacer. El resultado ha sido la ausencia de un sentido reverente de temor a Dios. Esto se extendió por toda la nación, donde no hay absolutamente ningún temor de Dios. La iglesia ha dejado de ser la «sal de la tierra» y tiene una influencia positiva en el gobierno, pero en general ha aprobado cosas como el aborto y el matrimonio entre personas del mismo sexo.

Es como si el mundo entero estuviera diciendo ahora: «Dios, ya no te queremos en nuestro mundo». O, como dijo C. S. Lewis (1898-1963):

Hay dos clases de personas: las que le dicen a Dios: «Hágase tu voluntad», y aquellas a las que Dios les dice: «Está bien, entonces, hazlo a tu manera».[7]

Dios ha respondido. Ha decidido juzgarnos. Oremos para que no sea un juicio *silencioso*, el peor escenario posible, como veremos en el próximo capítulo. A veces temo que el mundo esté repitiendo la era descrita en el Libro de los Jueces:

Cada uno hacía lo que le parecía mejor.
—JUECES 21:25

Hubo momentos en el antiguo Israel en los que Dios decidió no hacer nada más que dejar que la nación siguiera adelante sin que él interviniera.

Capítulo cinco

¿HAY ESPERANZA PARA NUESTRA CIVILIZACIÓN?

Al contrario, el rey ordena que toda persona, junto con sus animales, haga duelo y clame a Dios con todas sus fuerzas. Ordena así mismo que cada uno se convierta de su mal camino y de sus hechos violentos. ¡Quién sabe! Tal vez Dios cambie de parecer, y aplaque el ardor de su ira, y no perezcamos.
—Jonás 3:8-9

Pero en ti se halla perdón, y por eso debes ser temido.
—Salmos 130:4

Insto a los cristianos blancos a que aprovechen este momento especial en la historia de Estados Unidos, a que se arrepientan del racismo y luchen por nuestros hermanos y hermanas negros a raíz de los asesinatos policiales. Creo que, si perdemos este momento, le habríamos fallado a nuestra generación ... La mayoría de nosotros, los blancos, simplemente no vemos; ni somos conscientes de lo que los negros experimentan y sienten. No podemos dejar pasar este momento. Los blancos no han cuestionado lo suficiente sobre la experiencia de los negros. Solo puedo imaginar la inmoralidad, la indignidad emocional. Solo puedo imaginarlo. La gente blanca necesita luchar por la justicia racial y pasar por un período de arrepentimiento.
—Dan Cathy, director ejecutivo de Chick-Fil-A

69

LO QUE MÁS me ha preocupado al escribir este libro es que muchos cristianos blancos bien intencionados descartarán apresuradamente cualquier necesidad de comprenderse con los negros.

Por favor, hazte la siguiente pregunta: ¿Cómo crees que se sentiría Jesús? Si podía sentir compasión por una multitud «porque estaban acosados y desamparados, como ovejas sin pastor», ¿cuánto más entendería cómo se sienten las personas cuando son desechadas injustamente por el color de su piel o porque no han tenido la educación, el cuidado, el amor y la aceptación que la mayoría de los blancos han tenido por derecho propio?

«Vale la pena entender a todas las personas», dijo Clyde Narramore (1916-2015).[1] Estoy bastante seguro de que bajaríamos la voz y descenderíamos de nuestros cómodos y elevados pedestales para señalar con el dedo si supiéramos todo lo que se puede saber sobre las personas que desechamos apresuradamente. La pregunta es, ¿queremos saber más sobre ellos?

Paso ahora al tema de la disciplina o el castigo, siguiendo el modelo del escritor de la Carta a los Hebreos. Tan pronto como nos insta a enfocarnos en «mirar a Jesús», que está sentado a la diestra del trono de Dios, nos hace una pregunta:

> «Y ya han olvidado por completo las palabras de aliento que como a hijos se les dirigen: «Hijo mío, no tomes a la ligera la disciplina del Señor ni te desanimes cuando te reprenda, porque el Señor disciplina a los que ama, y azota a todo el que recibe como hijo».
>
> —HEBREOS 12:5-6

De vuelta al versículo del Antiguo Testamento que inspiró el título de este libro, Josué estaba preparando a la gente para que recibiera su herencia. Nunca antes han pasado por ese camino. Pero primero tendrían que aprender a esperar lo que precedió a su herencia. De manera similar, el escritor de Hebreos estaba ayudando a sus lectores a comprender por lo que estaban pasando, como parte de su preparación. Por extraño que parezca, estaban siendo castigados.

¿Podría ser esa la explicación de lo que está pasando ahora?

Es tan fácil olvidar esto. La doctrina del castigo a menudo se descuida cuando se trata de la enseñanza cristiana. Y, sin embargo, es muy reconfortante cuando nos damos cuenta de que Dios nos está disciplinando, esa es la explicación de lo que podría estar sucediendo en nuestras vidas.

Nunca olvidaré cómo descubrí la doctrina de la disciplina. Fue una tarde de agosto de 1956. Mi padre prácticamente me rechazó por mi nueva posición teológica. Mi abuela me había dado un Chevrolet 1955 nuevo cuando comencé a pastorear una iglesia en Palmer, Tennessee, pero me lo quitó cuando vio que yo no permanecería en mi antigua denominación. Me angustié, no tanto por devolverle el auto como por la sensación de que Dios me abandonaba. Pensé que mi papá y mi abuela, francamente, estarían encantados con mi nueva enseñanza. Así que en oración, ese día, clamé a Dios: «¿Por qué?» cuando inesperadamente «Hebreos 12:6» llegó a mi mente. No tenía ni idea de qué decía ese versículo. Así que lo busqué en mi pequeño Nuevo Testamento. Decía:

> Porque el Señor disciplina a los que ama, y azota a todo el que recibe como hijo.

Ese era un concepto nuevo para mí, pero al instante pude ver que lo que estaba pasando en mi vida en esos días era Dios obrando de una manera diferente. Inmediatamente pude ver que era una parte vital de mi preparación para el futuro. No podía pensar en nada de lo que había hecho que fuera pecaminoso. Sin embargo, sabía que Dios estaba permitiendo que mi familia, y muchos amigos, me rechazaran como parte de la preparación que estaba realizando conmigo. Eso abrió un nuevo mundo de pensamiento. Continué explorando esa enseñanza en una medida cada vez mayor. Se convirtió en parte integral de mi comprensión teológica en general y la premisa entretejida a lo largo de muchos de los libros que he escrito, comenzando con el primero: *Jonah*.

¿Te ha pasado por la mente que Dios *te* esté castigando? ¿Podría ser que Dios esté tratando de llamarte la atención? Es probable que digas: «Dios ya tiene mi atención». Pero, ¿es posible que él quiera más de ti de lo que creías? En particular, he pensado mil veces que Dios realmente tiene mi atención, solo para descubrir por su gracia que él no atrajo mi atención, como había pensado. Es como estar dormido; ¡no sabes que lo estabas hasta que te despiertas!

El castigo de Dios es esencialmente preparación. Dios no se está desquitando de nosotros; se desquitó en la cruz. La sangre de Jesús satisfizo la justicia y la ira de Dios. Por eso David pudo decir: «Cuanto está lejos el oriente del occidente, hizo alejar de nosotros nuestras rebeliones» (Salmos 103:12 RVR1960). La palabra *paideuei* en Hebreos 12 —castigo, disciplina— significa aprendizaje forzado. Es cuando Dios nos enseña una lección. Él puede ser muy estricto, como un maestro de escuela implacable, que hace lo que sea necesario para asegurarnos el cambio que se requiere. Pero Dios lo lleva a cabo por completo porque nos ama. De hecho, solo castiga a los que ama. Si no fuéramos disciplinados, mostraría que somos «hijos ilegítimos y no hijos» (Hebreos 12:8). Por tanto, debemos regocijarnos cuando somos castigados; es una señal de que somos verdaderamente salvos.

TRES CLASES DE CASTIGO

Hay tres tipos de castigo: interno, externo y terminal.

1. El castigo interno

Este es el plan A de Dios. Es cuando Dios habla a nuestros corazones a través de su palabra. Esto puede resultar doloroso.

Opera en nosotros. A veces Dios no usa anestésico. Corta. Duele. Después de todo, la Palabra de Dios es «viva y poderosa, y más cortante que cualquier espada de dos filos. Penetra hasta lo más profundo del alma y del espíritu, hasta la médula de los huesos, y juzga los pensamientos y las intenciones del corazón» (Hebreos 4:12).

Por doloroso que sea, el que Dios trate con nosotros a través de su palabra es la mejor manera de resolver nuestros problemas. Si Dios te habla a través de la Escritura, aunque veas que sus demandas pueden costarte mucho, ¡acéptalas! Agárralas con ambas manos. Te ahorrará un dolor incalculable en el futuro. Por tanto, cuando Dios te hable a través de su palabra, mi consejo es que digas: «Sí, Señor», en ese momento y en ese lugar.

2. El castigo externo

Este es el plan B. Dios recurre a esto cuando el plan A no logra el cambio en nosotros que él quiere. Dios le dio su palabra a Jonás (plan A): «Anda, ve a la gran ciudad de Nínive y proclama contra ella» (Jonás 1:2). Dios le dijo: «Ve», y Jonás respondió: «No». Bastaba con que Jonás solo escuchara la palabra de Dios, el llamado directo a su corazón. Pero no hizo caso a la palabra. Y Dios tuvo que emplear un plan B. Debido a que «Jonás se fue, pero en dirección a Tarsis, para huir del Señor» (Jonás 1:3) y se subió a un barco que iba hacia allá, «el Señor lanzó sobre el mar un fuerte viento, y se desencadenó una tormenta tan violenta que el barco amenazaba con hacerse pedazos» (Jonás 1:4). El plan B comenzó a funcionar cuando Jonás estaba en el vientre de un pez: «Entonces Jonás oró al Señor su Dios desde el vientre del pez» (Jonás 2:1).

La mayoría de las veces, Dios usa el plan B para llamar nuestra atención porque no hemos orado lo suficiente. ¿Qué se necesita para orar? Que le des tiempo a Dios. Él quiere tu tiempo. Le encanta tu compañía. ¿Será necesario que te trague el equivalente a un pez enorme para que puedas orar? Lo que sabemos es que ese plan sí funcionó con Jonás: «Entonces Jonás oró». No solo eso; Dios se aseguró de recibir la respuesta que esperaba de Jonás. El aprendizaje forzado funcionó. Después de que el pez expulsó a Jonás y Dios le repitió su orden original de que fuera a Nínive, «Jonás se levantó y fue a Nínive» (Jonás 3:3). El plan B funcionó.

3. El castigo terminal

¿Y si el plan B hubiera fallado? Respuesta: Habría un plan C (castigo terminal) que se pondría en práctica. Ora para que Dios no recurra a esto en tu caso. El castigo terminal significa muerte. Es el «pecado que lleva a la muerte» (1 Juan 5:16).

Los cristianos de Corinto habían abusado de la Cena del Señor. Pablo respondió una pregunta que debieron haber hecho: ¿Por qué la gente de nuestra iglesia está enferma, débil, enferma y algunos han muerto? Habiendo señalado cómo habían abusado de la Cena del Señor (1 Corintios 11:20-29), el apóstol responde: «Por eso muchos de ustedes están débiles y enfermos [plan B], y algunos han muerto [plan C]» (v. 30). La generación de Israel que no llegó a la tierra prometida estaba conformada por aquellos con quienes Dios no estaba complacido (1 Corintios 10:5). Dios juró en su ira que no entrarían en su reposo (Hebreos 3:11). Por eso murieron en el desierto, se constituyeron en un ejemplo de castigo terminal.

Esto también demuestra que Dios *espera* que nos preguntemos *por qué*, cuando suceden cosas extraordinariamente malas, como el coronavirus y la violencia que hemos estado viendo en el último tiempo.

Así que, ¿es ese doble golpe un juicio de Dios sobre los países del mundo? Sí, lo es.

CINCO TIPOS DE JUICIO

Dicho esto, hay cinco tipos de juicio de Dios: juicio retributivo, juicio de gracia, juicio redentor, juicio natural y juicio silencioso.

¿Cuál de estos es el juicio que Dios impone sobre las naciones? Primero, déjame definir cada uno de ellos.

1. Juicio retributivo

Aquí es cuando Dios se venga. Cuando se derrama toda su ira. Dios le advirtió a Adán que no comiera de un árbol en particular de los que había en el jardín del Edén. De lo contrario, traería la muerte sobre él mismo (Génesis 2:16-17). Adán desobedeció. Dice la Biblia que «La paga del pecado es muerte» (Romanos 6:23). Además, leemos en Génesis: «Todos los días que vivió Adán fueron 930 años, y murió» (Génesis 5:5). Este es un juicio retributivo. *Retributivo* significa un castigo merecido y severo, no para mejorar a una persona sino para imponerle una condena. Es como la ley mosaica que requiere «ojo por ojo, diente por diente» (Éxodo 21:24). La enseñanza bíblica del castigo eterno es el juicio retributivo. No es para corregir, mejorar ni cambiar a una persona; es un castigo por el pecado.

2. Juicio de gracia

Esto es *en parte* retributivo y *en parte* misericordioso, pero *siempre* es una advertencia. El juicio retributivo es la ira de Dios derramada con todo el «furor de Dios» (Apocalipsis 14:10). Y agrega que esa «ira es pura, no diluida». En el caso contrario, el juicio bondadoso se mezcla con la misericordia. Jesús dijo: «Yo reprendo y disciplino a todos los que amo. Por lo tanto, sé fervoroso y arrepiéntete» (Apocalipsis 3:19). Así que, donde se hace un juicio de gracia, por doloroso que sea, también hay esperanza. Este tipo de juicio *puede ser parcialmente* retributivo, hasta el punto de que llegue alguna plaga. Pero ¿por qué? Respuesta: para inducir al arrepentimiento. Cuando está enojado, Dios puede enviar juicio, sí. Pero lo hace para advertirnos, para detenernos. Puede que envíe una plaga para cambiarnos. Esto es lo que pasó con Jonás. Recuerda que cuando Dios le dijo a Jonás que fuera a Nínive, este le respondió que no y huyó de Dios. Entonces Dios envió un gran pez y se tragó a Jonás. Fue un juicio, pero sobre todo fue una advertencia. Como vimos anteriormente, Dios aseguró la respuesta que quería de Jonás. Por lo tanto, en el fondo, todo eso estaba lleno de un juicio de gracia.

¿Estás huyendo de Dios?

3. Juicio redentor

Esto es en parte una retribución y parcialmente una promesa. Y se puede ver en la ocasión en que los hijos de Israel murmuraron contra Dios. Dios envió serpientes venenosas que mordían a las personas. La gente moría por todos lados. Pero Dios le ordenó a Moisés que hiciera una serpiente ardiente y la pusiera sobre una asta, de modo que todos los que fueran mordidos y miraran a la serpiente vivieran (Números 21:8). Moisés levantó la serpiente de bronce y todos los que la veían vivían. Este es entonces un juicio redentor. Es una variación del juicio de gracia.

4. Juicio natural

Esta es una variación del juicio retributivo, con énfasis en las consecuencias inevitables del pecado. Es un principio que puede resumirse en el dicho «Cosechas lo que siembras». Hay un juicio natural en acción. Podría explicarse simplemente como consecuencia del pecado. Es una ley natural en acción.

5. Juicio silencioso

Aquí es cuando Dios parece no hacer nada. Este es, para mí, en cierto sentido, el juicio más aterrador de todos. Si he aprendido algo al estudiar Romanos 1:18-32, es que cuando Dios está más enojado, no hace *nada*. Dios nunca pierde los estribos como tú y como yo. Podemos pensar que, si Dios se enoja mucho, lo mostrará de inmediato. Pero Dios no es así. «La ira del hombre no obra la justicia de Dios» (Santiago 1:20 RVR1960). Es probable que pensemos que podemos tentar a Dios. Es posible que pensemos que podemos pincharlo. O desafiarlo a que envíe un rayo. Pero cuanto más enojado está Dios, más tranquilo se manifiesta, porque el tiempo está de su lado. Puede esperar. Tiene mucha paciencia.

Cuando Poncio Pilato envió a Jesús a Herodes, este se alegró al verlo. Esperaba que Jesús pudiera realizar un milagro ante sus ojos. De modo que lo interrogó detenidamente, pero Jesús «no respondió» (Lucas 23:9). Silencio absoluto. Dado que Jesús dijo que solo hizo lo que vio hacer al Padre (Juan 5:19), deducimos que eso reflejó la respuesta del Padre a Herodes.

En pocas palabras, cuando Dios está más enojado, no hace nada. No envía dolor. Ni siquiera envía una advertencia. No hay indicios de que Dios envió una advertencia a Sodoma y Gomorra. De repente, sin avisar a sus habitantes, lo que Dios envió fue fuego y azufre (Génesis 19). Cuando el pecado y la promiscuidad prosperan, Dios puede optar por guardar silencio. Los que han desafiado a Dios siguen adelante con sus malas acciones. Por eso dices: «Querido Señor, ¿cómo puedes dejar que la gente haga eso?». Recuerda que David también planteó este tema:

> No te irrites a causa de los impíos ni envidies a los que cometen injusticias; porque pronto se marchitan, como la hierba; pronto se secan, como el verdor del pasto.
>
> — SALMOS 37:1-2

Sí, ese «pronto» puede parecernos una eternidad, ¡y nos preguntamos por qué Dios no hace algo! Billy Graham escribió una vez que su esposa, Ruth, después de leer parte de un libro que estaba escribiendo y que describía la espiral descendente de la moral de Estados Unidos, lo sorprendió al decirle: «Si Dios no castiga a Estados Unidos, tendrá que disculparse con Sodoma y Gomorra».[2]

El mundo entero está bajo el juicio de Dios precisamente en *este momento*.

Buenas noticias. Es un *juicio lleno de gracia*. Hay esperanza. Sí. Millones de cristianos están orando. Dios no está callado. Para citar al cardenal Dolan nuevamente, cuando expresó: «Dios está, precisamente, en medio de todo este caos».

No había creyentes, que sepamos, en Sodoma y Gomorra excepto la familia de Lot. Parecería que solo Abraham sabía que el juicio caería sobre Sodoma y Gomorra. Fue entonces cuando hizo una declaración con una pregunta que todos debemos acoger:

> Tú, que eres el Juez de toda la tierra, ¿no harás justicia?
>
> —GÉNESIS 18:25

Esta es la actitud que debemos adoptar cuando sintamos un golpe doble como el del COVID-19 y el malestar civil causado por la tensión racial que se cierne sobre nosotros. Lo creas o no, por extraño que parezca, Dios está obrando.

El mundo está bajo juicio, sí. Pero por dicha, no es el juicio silencioso de Dios. Es un juicio lleno de gracia. Millones de cristianos deben cobrar aliento con esto. Esa es una de las maneras en que Dios hace que nos pongamos de rodillas. Debemos orar pidiendo misericordia para que Dios conceda la gracia mediante la cual podamos ver su gloria.

Nuestra *única* esperanza: otro gran despertar. La gente de Nínive se arrepintió y Dios envió un gran avivamiento.

Dios puede hacerlo de nuevo y creo que lo hará.

Pero quiere que conozcamos sus caminos.

Capítulo seis

CONOZCAMOS LOS CAMINOS DE DIOS

Y se dirigió a los israelitas: En el futuro, cuando sus hijos les pregunten: ¿Por qué están estas piedras aquí?, ustedes les responderán: Porque el pueblo de Israel cruzó el río Jordán en seco. El Señor, Dios de ustedes, hizo lo mismo que había hecho con el Mar Rojo cuando lo mantuvo seco hasta que todos nosotros cruzamos. Esto sucedió para que todas las naciones de la tierra supieran que el Señor es poderoso, y para que ustedes aprendieran a temerlo para siempre.
—Josué 4:21-24

La gratitud es una de las mayores virtudes cristianas; la ingratitud, uno de los pecados más perniciosos.
—Billy Graham (1918-2018)

Una de las cosas más importantes en las que pensaba Josué era que quería que aquellos que entraran en la tierra prometida conocieran los caminos de Dios. Dios dijo —en referencia a la generación anterior de los hijos de Israel— que aquellos que murieron en el desierto y a quienes Dios juró con ira que no entrarían en su reposo, «no conocieron mis caminos» (Hebreos 3:10).

Para ser muy sincero, temo profundamente por la actual generación de cristianos. He estado predicando durante sesenta y seis años, desde 1954. Pasamos veinticinco años en Londres y, en mi vejez —desde 2002— he tenido el privilegio de viajar por todo el mundo. Eso no significa que haya estado en todas partes, ni que eso me califique para ser un experto en el diagnóstico de la situación actual. Pero si soy totalmente franco, y si he de ser sincero conmigo mismo, tengo la inquietante sensación de que la mayoría de las personas que están en la iglesia son terriblemente superficiales y no conocen los caminos de Dios. Doy gracias a Dios por las excepciones. Pero me temo que la mayoría de los pastores no tienen una vida de oración profunda ni conocen muy bien sus biblias. En cuanto a la enseñanza sólida, uno no puede evitar pensar que no se considera relevante. La predicación en la actualidad es principalmente motivacional, dirigida a hacer que las personas se «sientan bien» en vez de enseñar Biblia. Las «iglesias favorables a los buscadores» han cobrado su precio, resultando en superficialidad. En muchos lugares, se dedica más tiempo a entonar canciones de adoración que a la predicación; a veces es el doble, y el contenido teológico de ambas cosas, me temo, es de aproximadamente unos centímetros de profundidad.

Así que estamos en la mayor crisis imaginable. ¿Estamos preparados para esto?

Tengo un temor aun mayor y es no haber aprendido la lección. Todo lo que parece importarnos en este tiempo es «volver a la normalidad» para poder volver a ver partidos de béisbol los sábados y partidos de fútbol americano profesional los domingos. La verdad es que, como he dicho, la nueva normalidad es que probablemente nada volverá a ser normal. Hemos olvidado que todos moriremos algún día y que todos los hombres y mujeres enfrentarán el juicio cuando mueran (Hebreos 9:27). Nuestras crisis deberían recordarnos que esta vida no es todo lo que hay; ya que se acerca inexorablemente para todos nosotros una eternidad muy cierta.

Es más, la vida —aun a su máxima expresión— sigue siendo corta. Sin duda pensarás en ello cuando estés muriendo, cuando *haya llegado tu hora*. No solo eso, querido lector, la eternidad dura mucho tiempo.

¿Está Dios llamando tu atención?

No hay duda de que Dios está juzgando al mundo. Él nos ama. Lo hace porque a pesar de que la gente se está yendo al infierno, Dios quiere que vayan al cielo.

Los primeros metodistas aprendieron teología con sus himnos, la mayoría de los cuales se centran en Dios. Muchas canciones que se entonan en la iglesia de hoy son lo opuesto al enfoque en Dios. Es una de las maldiciones de la «generación yo». Preguntamos: «¿Qué gano yo con esto?» y difícilmente se nos pasa por la mente preguntar: «¿Qué gana Dios?».

Dios quiere que conozcamos sus caminos.

Bobby Conner lo dice así: «Nos hemos vuelto demasiado informales con un Dios santo que apenas conocemos». Bobby ha observado que algunos pastores llegan al púlpito con sandalias y pantalones cortos. Por otro lado, algunos se visten de manera agradable y genuinamente intentan ensalzar la majestad y soberanía de Dios, pero su doctrina de la Trinidad es «Dios el Padre, Dios el Hijo y Dios la Santa Biblia». Lo siento, pero muchos no parecen tener ni idea de cuál es el testimonio directo e inmediato del Espíritu. El doctor Martyn Lloyd-Jones solía decir de algunos de ellos: «perfectamente ortodoxos, perfectamente inútiles».

TRES COSAS QUE DIOS QUIERE ENSEÑARNOS

Hay tres cosas que Josué quería enseñar a los hijos de Israel que estaban a punto de entrar en Canaán: gratitud, expectativa y temor a Dios.

1. Gratitud

Josué requirió que un hombre de cada tribu agarrara una piedra que estuviera en el área exacta del lecho del río Jordán donde los hijos de Israel cruzaron por tierra seca e hicieran un montón con ellas. Eso haría que los futuros israelitas se preguntaran: «¿Qué significan estas piedras?». Esas personas crecerían recordando que ese era el lugar exacto donde sus padres cruzaron el Jordán por tierra firme.

¿Cuál fue el propósito de eso? El objetivo fue enseñarles a ser agradecidos, que conocieran y practicaran el valor de la gratitud. Josué temía que lo olvidaran. Todos somos así. Creemos que recordaremos, prometemos recordar, pero olvidamos. Dios tiene una manera de enseñarnos a no olvidar las cosas que cuentan.

Esa es la razón por la que la Pascua se conmemora hasta hoy. Dios le dio instrucciones específicas a Israel, desde la misma noche de la Pascua, de que eso era un recordatorio que debían guardar para siempre. «Este día será para vosotros un día conmemorativo, y lo celebraréis como fiesta para el señor por vuestras generaciones, como estatuto perpetuo; lo celebraréis como fiesta» (Éxodo 12:14 RVR1960).

Esa fue la razón por la que Jesús instituyó la Cena del Señor o lo que conocemos como Comunión: para enseñarnos la gratitud. Fue para recordarnos el día más importante en la historia del mundo, cuando el Señor Jesucristo murió en la cruz por nuestros pecados. El pan y el vino nos recuerdan que Jesús tenía un cuerpo físico y que su sangre fue derramada para el perdón de nuestros pecados (Mateo 26:28). Eso se llama *Eucaristía*, que significa dar gracias. Participamos del pan y del vino porque recordamos con agradecimiento. «Hagan esto en memoria de mí» (Lucas 22:19). Así tenemos la Pascua en el Antiguo Testamento y la Sagrada Comunión en el Nuevo Testamento. Ambos rituales tienen en común el reconocimiento de la sangre. «Cuando vea la sangre, pasaré de ti» (Éxodo 12:13). «Esta copa ... es el nuevo pacto en mi sangre» (Lucas 22:20).

En consecuencia, la colocación de las piedras del lecho del río Jordán sería un «monumento conmemorativo a los hijos de Israel para siempre» (Josué 4:7 RVR1960). Josué quería enseñarles los caminos de Dios, para que supieran lo que agrada a Dios y lo que le desagrada. Nuestra gratitud es una prioridad para Dios, por lo que tú y yo debemos *recordar* hacer de ella una prioridad en nuestras vidas.

Te diría amorosamente, amable lector, que si tú y yo esperamos sobrellevar la situación y tener gozo y paz durante estos días difíciles, debemos mostrar especial afecto por los caminos de Dios. Él tiene sus caminos como tú tienes los tuyos. Yo tengo mis maneras. Es posible que a la gente no le gusten las tuyas. Puede que no te gusten los caminos de Dios. ¡Pero él es el único Dios que tienes! Si se trata del Dios de la Biblia, el Padre de Jesús y el Dios que envía el Espíritu Santo el que quieres que sea tu Dios, debes adaptarte a él. Dios no se adaptará a ti ni a mí. Además, ¡Él no cambiará las reglas por ninguno de nosotros!

Dios se da cuenta cuando estamos agradecidos y cuando no lo estamos. Jesús sanó a diez leprosos. Solo uno se le acercó para darle las gracias. La respuesta inmediata de Jesús fue preguntar qué pasó con los otros nueve que fueron sanados, pero esos no mostraron gratitud alguna (Lucas 17:17).

Aquí hay tres principios de los que puedes estar seguro: (1) A Dios le encanta la gratitud, (2) Dios odia la ingratitud y (3) la gratitud se debe enseñar. Y eso es precisamente lo que estaba haciendo Josué.

Deseo enumerar tres razones pragmáticas mediante las cuales mostremos nuestra gratitud. Primero, la gratitud podría marcar una gran diferencia en cuanto a si tu oración es respondida. «En toda ocasión, con oración y ruego, presenten sus peticiones a Dios y *denle gracias*» (Filipenses 4:6). Recuerda siempre estar agradecido cuando ores. En segundo lugar, hace varios años, la Clínica Mayo informó en su boletín mensual (el cual recibo) que los investigadores habían demostrado científicamente que las personas agradecidas viven más tiempo. Es decir, la gratitud hace una diferencia en su salud. En tercer lugar, sabrás —sin lugar a dudas— que eso agrada a Dios. ¿Qué te da más satisfacción, cuando Dios te agrada o cuando tú agradas a Dios? Mi sugerencia: aprende a obtener satisfacción sabiendo que agradas a Dios en lugar de exigir que él te complazca dándote las cosas que disfrutas.

Déjame hacerte una sugerencia más antes de continuar. Cada noche antes de irte a dormir, menciona al menos tres cosas que sucedieron *ese mismo día* por las cuales estás agradecido con Dios. Te lo aseguro, es uno de los mejores hábitos que puedes desarrollar.

2. Expectativa

A menudo se cita a Charles H. Spurgeon diciendo: «Puede que no siempre obtengas lo que quieres, pero siempre obtienes lo que esperas».[1] La expectativa puede marcar una gran diferencia en cuanto a si vivimos con miedo perpetuo o mantenemos una confianza real en estos tiempos difíciles. Nunca habíamos sido así, por lo que debemos mantener nuestros ojos fijos en el Señor Jesucristo. Los titulares de los periódicos y las noticias de televisión a menudo reportan que el COVID-19 ha afectado la salud mental de los ciudadanos. En muchos lugares se están reportando casos de suicidios, crisis nerviosas y consumo excesivo de alcohol a niveles sin precedentes, sobre todo debido al encierro durante muchas semanas. Tener la expectativa de superar estos tiempos peligrosos lo mantiene a uno con la cabeza equilibrada. La gente simplemente quiere saber que superarán esta crisis, que tendrán un trabajo, que estarán económicamente seguros y que no sufrirán una enfermedad terminal ni verán morir a sus seres queridos.

Hay tres niveles de expectativa. El primero es el *nivel natural*, el cual no se debe subestimar. Dios nos hizo como somos. Algunas personas nacen optimistas. Conocí a un hombre así. Era muy divertido estar cerca de él. Estas personas a veces lidian con las tormentas mejor que las que siempre son negativas y miran el lado oscuro de las cosas. ¿Es más probable que

Dios encuentre un punto de entrada mediante el cual se eleve la moral en personas como esa? Es posible. La «gracia común» de Dios, refiriéndose principalmente a la forma en que él nos hizo y nos formó, podría ser la forma en que algunas personas vivan con la expectativa de que «algo bueno me va a pasar hoy».

Dicho esto, espero que aspires a alcanzar un nivel de expectativa más alto de lo que es natural.

El segundo nivel es *confiar plenamente en la Palabra de Dios*. Algunos puritanos llamaban a eso «el testimonio indirecto del Espíritu». El Espíritu Santo es mediado por la palabra. Es el Espíritu Santo el que da testimonio a nuestro espíritu (Romanos 8:16). Este maravilloso método de conocer los caminos de Dios fortalece tu fe. Esto es lo que todos necesitamos para afrontar el doble golpe que estamos resistiendo. Puedes confiar en esta declaración a medida que descubres tu fiabilidad por ti mismo:

> Aquellos que confían en él completamente lo encuentran absolutamente verdadero.
> —FRANCES R. HAVERGAL (1836-1879)[2]

Esto es lo que Dios quiere de ti. Eso es lo que le agrada. Eso es lo que quiero decir con obtener tu satisfacción con lo que le agrada más que ser feliz solo cuando él hace las cosas que te agradan a ti.

> Sin fe es imposible agradar a Dios, ya que cualquiera que se acerca a Dios tiene que creer que él existe y que recompensa a quienes lo buscan.
> —HEBREOS 11:6

¿Cómo recompensa Dios a los que se apoyan en su palabra? De mil formas. Él nunca te dejará ni te desamparará

(Hebreos 13:5). Él tiene una forma de darte muestras de su presencia de una manera en la que sabes que no estás siendo engañado. Es lo que te mantendrá yendo «de poder en poder» (Salmos 84:7), de «gloria en gloria» (2 Corintios 3:18), es decir, de «un nivel de gloria a otro».

> Nadie más que sus amados conocen el amor de Jesús.
> —BERNARDO DE CLARAVAL
> (1090-1153)[3]

El tercer nivel es *la garantía a nivel de juramento*. Además de ver a Jesús cara a cara cuando lleguemos al cielo, este es el grado más alto para conocer los caminos de Dios. Es el testimonio inmediato y directo del Espíritu Santo. La palabra griega es *pleroforia*, que significa plena seguridad.

Esta fue la forma en que Josué dirigió a los hijos de Israel. Observa cuidadosamente cómo está escrito: «*Cuando* sus hijos pregunten ... "¿Qué significan estas piedras?"» (Josué 4:21). Josué muestra que no tiene la menor duda de que las aguas del Jordán «dejarán de correr y se detendrán formando un muro» (Josué 3:13). *¡Esto aún no había sucedido!* Y, sin embargo, Josué está tan seguro de que sucederá que le indica a toda la gente qué decir cuando las generaciones futuras pregunten: «¿Qué significan estas piedras?».

En otras palabras, Josué tenía fe en que aquello era una realidad, ¡como si ya hubiera sucedido!

Esa es la expectativa que Josué les mostró a todos los hijos de Israel. No avanzaron hacia el Jordán preguntando: «¿Y qué pasará si esto no sucede?», no. Josué no se acercó al Jordán alarmado repentinamente ni diciéndose a sí mismo: «Dios mío, ¿y si las aguas del Jordán no retroceden?». ¿Cómo pudo Josué tener tanta fe?

¡Fue lo mismo que ocurrió cuando Elías le dijo al rey Acab que no llovería hasta que él lo ordenara!

Tan cierto como que vive el Señor, Dios de Israel, a quien yo sirvo, te juro que no habrá rocío ni lluvia en los próximos años, hasta que yo lo ordene.

—1 Reyes 17:1

¿Cómo podía Elías estar tan seguro de eso? Si veía una nube, era probable que se mordiera las uñas y dijera: «Dios mío, ¿y si empieza a llover? Nunca más podría volver a mostrar mi rostro en Israel. Mi reputación profética se arruinará».

Pero la respuesta a esa interrogante fue y es: Dios se lo había jurado. Elías empleó un lenguaje apropiado para un juramento: «Vive el Señor...». No vaciló ni por un segundo.

Solo alguien a quien Dios le ha hecho un juramento puede tener esa clase de confianza.

Así lo supo Josué. Les aseguró a los hijos de Israel que las aguas del Jordán se levantarían y cruzarían en tierra seca como habían cruzado el Mar Rojo bajo el liderazgo de Moisés. Al hablar como lo hizo, generó confianza en esas personas que mantenían sus ojos en el arca del pacto.

Estaban conociendo los caminos de Dios. Eso significa que Dios tiene poder para darnos esa seguridad también a nosotros. Deberíamos orar por ello. Jesús habló de una fe que era tan fuerte que uno debe pedirla, pero al mismo tiempo creer que ya la ha recibido (Marcos 11:24). De la misma manera, Juan habla en referencia a saber que recibiremos lo que «le hemos pedido» (1 Juan 5:15).

El doctor Martyn Lloyd-Jones fue mi predecesor en Westminster Chapel. Él me dijo que durante los años en que Hitler bombardeó a Londres en la Segunda Guerra Mundial, entre 1941 y 1942, cuando los edificios que rodeaban la capilla estaban siendo destruidos a derecha, izquierda y en el centro, Dios le testificó que el bombardeo no tocaría la capilla. Y no fue así.

No digo que este nivel de expectativa ocurra todo el tiempo. Pero puede suceder. Y, de hecho, sucede. Y cuando sabemos que este tipo de expectativa es posible, todos debemos arrodillarnos en oración ferviente y pedirle a Dios que lo haga por nosotros durante el tiempo de preocupación.

3. El temor a Dios

Esto se ve confirmado por la continua instrucción de Josué a los hijos de Israel. Dios concretará el milagro de cruzar el Jordán en tierra seca «para que *temas* al Señor tu Dios para siempre» (Josué 4:24, énfasis agregado). Una de las maneras de Dios que él quiere que sigamos es que le temamos, no que tengamos miedo ni que nos asustemos a punto de morir, sino que lo respetemos con temor absoluto. Hay dos formas en las que tú y yo podemos llegar a conocer este temor del Señor. La primera es cuando lo experimentas por ti mismo. Por ejemplo, cuando algo sucede ante tus ojos, como un milagro extraordinario, es muy posible que te dé una sensación de asombro. Esto es lo que quiso decir Josué; los israelitas descubrirían cuán *real* era Dios. Tal sensación de temor y asombro no es un informe de terceros acerca de algo que le sucedió a otra persona. Una cosa es oír hablar de un incidente que hizo que las personas se sintieran atemorizadas y otra totalmente diferente es cuando lo experimentas en forma directa. Josué quería que aprendieran el temor del Señor con los hechos, no de oídas.

Eso iba a aumentar su fe, ya que se les exigiría hacer eso muchas veces más al recibir su herencia.

Crecí en una iglesia en Ashland, Kentucky, en la que experimenté muchas veces el temor de Dios de una manera clara. Eso ejerció un efecto directo en mi vida. He pensado que podríamos haber estado bajo la influencia del avivamiento de Cane Ridge (1801), que estaba a más de cien kilómetros de distancia. Mi primer pastor fue Gene Phillips. Había una unción en su predicación que me hacía temer. John Newton se refirió al temor de Dios en la segunda estrofa de su himno «Sublime Gracia»:

Su gracia me enseñó a temer,
Mis dudas ahuyentó;
¡Oh! Cuán precioso fue a mi ser
cuando él me transformó.[4]

Jacob soportó una breve temporada de recaídas, pero cuando regresó a Betel y se arrepintió, persuadió a sus hijos de que se apartaran de todos sus ídolos. El resultado fue que «el terror de Dios cayó sobre las ciudades» dondequiera que viajaran Jacob y su familia (Génesis 35:1-5). Cuando Jesús realizaba milagros, el resultado a menudo era que la gente se «llenaba de asombro» (Lucas 5:26). Parte del resultado del derramamiento del Espíritu Santo en Pentecostés fue que «sobrevino temor sobre toda alma». La palabra griega es *phobos,* que significa miedo, temor o asombro reverente. Esto sucedió después de que el Espíritu Santo hirió a Ananías y Safira y ambos murieron (Hechos 5:11).

En el apogeo del Gran Despertar en Nueva Inglaterra, el sermón de Jonathan Edwards titulado: «Pecadores en las manos de un Dios airado» (1741) resultó en tal temor que la gente se aferraba a los bancos de la iglesia y abrazaba los árboles para evitar caer al infierno. En el avivamiento de Cane Ridge, llamado el segundo Gran Despertar de Estados Unidos, un sermón sobre el tribunal de Cristo, basado en 2 Corintios 5:10, produjo tanto temor que cientos de individuos cayeron al suelo espontáneamente. Nunca hubo menos de quinientas personas en el suelo durante un período de cuatro días.

¿Alguna vez has sentido el temor del Señor en vivo? El hombre al que lo respalda la experiencia nunca está a merced de otro en una discusión.

Dicho esto, hay una segunda forma de llegar a conocer el temor de Dios. Se puede enseñar. David dijo:

Vengan, hijos míos, y escúchenme, que voy a enseñarles el temor del Señor.

—SALMOS 34:11

Esto no significa que desarrolles una sensación de temor.
No. Significa que se siente un respeto absoluto por los caminos de Dios y su palabra. Eso es lo que conduce a la sabiduría.
«El temor de Jehová es el principio de la sabiduría» (Proverbios 9:10 RVR1960). El temor del Señor te llevará a respetar
los mandamientos de Dios.

Por ejemplo, ¿te has preguntado alguna vez por qué el libro
de Proverbios tiene tanto que decir sobre el sexo y el adulterio? Tomemos, por ejemplo, las advertencias directas contra
el adulterio (Proverbios 5—7). Eso se debe a que la promiscuidad sexual y la sabiduría no se mezclan. La pureza sexual
conduce a la sabiduría. Aquellos que desobedecen neciamente
los mandamientos de Dios con respecto a la pureza sexual ter-
minan haciendo estupideces. Carecen de sabiduría.

En mi lista anterior de razones por las que creo que Dios
está juzgando al mundo, no mencioné la promiscuidad sexual
en la iglesia. Uno de los motivos es que aquellos que se entre-
gan a ello a menudo quedan atrapados y se encuentran de
todos modos juzgados claramente. Sin embargo, sé más de lo
que desearía sobre la promiscuidad sexual en la iglesia, inclui-
das algunas de las congregaciones evangélicas y carismáticas
más reconocidas. Demasiados pastores se hacen de la vista
gorda ante lo que saben que está sucediendo en sus congregaciones. No quieren perder miembros y, en consecuencia, dicen
poco o nada. El resultado es doblemente malo: (1) ausencia
del temor de Dios y (2) ausencia de sabiduría. Esto es aparte
de los cientos y cientos de ministros que pierden su ministerio
por indiscreciones sexuales.

Como vimos anteriormente, un aspecto de la gloria divina
es la opinión de Dios. Eso es lo que es la sabiduría. Es saber
el siguiente paso hacia adelante, saber qué hacer. Es tener una

visión veinte-veinte, perfecta. Todos tenemos una visión veinte y veinte con lo que ya vimos. Por ejemplo: «Si no hubiera dicho eso. Si no hubiera hecho eso». Pero la verdadera sabiduría te ahorrará tanto arrepentimiento. La unción te enseñará todo lo que necesitas saber (1 Juan 2:27). Recuerda, eso no proviene de una educación ni de un coeficiente intelectual alto. Comienza con el temor del Señor.

Por lo tanto, a uno se le puede enseñar no solo a guardar los mandamientos de Dios, también debemos enseñar a temer no obedecer a Dios para que no descienda sobre uno su castigo, como vimos con respecto a la iglesia de Corinto. El temor a la disciplina de Dios debería ser suficiente para mantenernos a todos alejados de los problemas.

«Mi pueblo es destruido por falta de conocimiento» (Oseas 4:6). Esto incluye el conocimiento de los caminos de Dios.

A medida que tú y yo soportamos la actual tormenta por partida doble y cualquier otra que enfrentemos más allá de ella, necesitamos conocer los caminos de Dios. Algunas personas conocen a Dios. Pero conocer a Dios no nos permitirá salir triunfantes de estas crisis. Necesitamos conocer al propio Dios.

Eso se logra al conocer sus caminos.

Capítulo siete

¿EL CIELO O EL CIELO EN LA TIERRA?

Y así el pueblo pudo cruzar hasta quedar frente a Jericó. Por su parte, los sacerdotes que portaban el arca del pacto del Señor permanecieron de pie en terreno seco, en medio del Jordán ... Luego el Señor le dijo a Josué: «Ordénales a los sacerdotes portadores del arca del pacto que salgan del Jordán». Josué les ordenó a los sacerdotes que salieran, y así lo hicieron, portando el arca del pacto del Señor. Tan pronto como sus pies tocaron tierra firme, las aguas del río regresaron a su lugar y se desbordaron como de costumbre.
—Josué 3:16-17; 4:15-18

Si lee la historia, encontrará que los cristianos que más hicieron por el mundo actual son los que más pensaron en el venidero. Los mismos apóstoles, que pusieron en pie, en la conversión del imperio romano, los grandes hombres que edificaron la Edad Media, los evangélicos ingleses que abolieron la trata de esclavos, dejaron su huella en la tierra, precisamente porque sus mentes estaban ocupadas con el cielo. Desde que los cristianos han dejado de pensar en el otro mundo en gran medida, se han vuelto muy ineficaces en este. Apunte al cielo y alcanzará la tierra «venidera»: apunte a la tierra y no obtendrá nada.
—C. S. Lewis (1898-1963)

EN ESENCIA, EXISTEN dos opiniones entre los cristianos sobre cómo debemos aplicar el cruce del Jordán a nuestras vidas. Por ejemplo, muchos himnos y canciones se refieren al cruce del Jordán como a la muerte y a Canaán como al cielo. La estrofa final del famoso himno «Guíame, oh gran Jehová» dice:

> Cuando pisé la orilla del Jordán,
> intenté que mis ansiosos temores disminuyeran
> Llévame a través de la corriente que fluye,
> Llévame a salvo al otro lado de Canaán:
> Cánticos de alabanza,
> Siempre te daré.
>
> —WILLIAM WILLIAMS (1717-1791)[1]

Johnny Cash (1932-2003) grabó una canción acerca de no tener que cruzar el Jordán solo. La escuché muchas veces mientras crecía. Y, sin embargo, en mi antigua iglesia nazarena solíamos cantar la siguiente canción todo el tiempo. No se refiere a la muerte, sino a experimentar la entrada a Canaán, que era interpretada como una segunda obra de gracia: la entera santificación:

> Por qué vagar por el desierto, alma desfallecida,
> Ven a la tierra de Canaán
> Por la fe cruza el Jordán aunque las olas puedan
>   rodar,
> Ven a la tierra de Canaán.
> Ven a la tierra de Canaán,
> Ven a la tierra de Canaán,
> Donde crecen las uvas de Escol,
> Donde fluye la leche y la miel,
> Ven a la tierra de Canaán.
>
> —HALDOR LILLENAS (1885-1959)[2]

El popular himno «Love Divine, All Love Excelling», lo escribió originalmente Charles Wesley y la segunda estrofa se refería al «segundo descanso»:

> Respira, oh, respira tu amoroso Espíritu,
> En todo pecho angustiado;
> Heredemos todos en ti,
> Encontremos ese segundo descanso.
>
> —CHARLES WESLEY (1707-1788)[3]

El «segundo descanso» en realidad se refería a una segunda obra de gracia como enseñó su hermano John Wesley (1703-1791) (y le siguieron los nazarenos). John Wesley enseñó que el «reposo» en Hebreos 4:9 —«Por tanto, queda un reposo para el pueblo de Dios»— fue una segunda experiencia después de la conversión. Eso fue lo que entendió en cuanto al «reposo» en Hebreos 4:1-9, que se basa en la entrada de los hijos de Israel a Canaán. El escritor de Hebreos se refiere a entrar en Canaán como entrar en reposo. Dios juró en su ira que los hijos de Israel que vagaron por el desierto durante cuarenta años no entrarían en su reposo, es decir, en Canaán. La mayoría de los himnarios cambian las palabras de Charles Wesley y lo convierten en la expresión «prometido descanso».

En otras palabras, hay al menos dos interpretaciones con respecto a cruzar el Jordán: (1) morir e ir al cielo, y (2) entrar en una vida victoriosa. Algunos llamarían a esta última «cielo en la tierra». Adoptar el último punto de vista no nos vincula en ningún caso con la enseñanza de la santificación de Wesley.

El principal argumento en contra de la opinión de que cruzar el Jordán se refiere a la muerte es que los hijos de Israel cruzaron el Jordán para librar innumerables batallas. ¡Seguramente no pelearemos batallas en el cielo! No sé cómo se interpretó por primera vez cruzar el Jordán como morir e ir al cielo.

Pero probablemente se convirtió en la forma predominante en la que se entendía cruzar el Jordán, al menos en muchas canciones e himnos.

En este capítulo continuamos siguiendo la peregrinación de los antiguos hijos de Israel. Estos israelitas iban a donde nunca habían estado. Lo que ellos hicieron, nosotros, deberíamos imitarlo. Lo que experimentaron ellos, también podemos experimentarlo nosotros.

En pocas palabras, ellos se convirtieron en parte de un verdadero milagro, cruzando el Jordán por tierra seca mientras las aguas dejaron de fluir hasta que todos alcanzaron la otra orilla. Ellos tuvieron el privilegio de ver a Dios repetir un milagro, es decir, como los hijos de Israel que cruzaron el Mar Rojo en tierra firme. A veces, Dios se complace en repetir lo que ha hecho antes; en otras ocasiones, no repite algo que sucedió antes. El maná pronto llegaría a su fin y nunca se volvería a repetir. La columna de nube de día y de fuego de noche nunca se volvería a repetir. Pero Dios, amablemente, permitió que la nueva generación viera lo que habían visto sus antepasados.

Lo que tú y yo podemos aprender del cruce del Jordán que ellos lograron es lo siguiente: necesitamos ver por nosotros mismos *cuán real es Dios*. Insisto, Dios puede repetirse a sí mismo, pero por lo general no lo hace. Como dije antes, los descritos en Hebreos 11 tenían en común que ninguna persona de fe podía duplicar lo que se había hecho antes. Ellos enfocaron sus ojos en el cielo. Esto es lo que aprendemos sobre Abraham. Lo que lo mantuvo en movimiento fue que «esperaba con ansias la ciudad que tiene cimientos, cuyo arquitecto y constructor es Dios» (Hebreos 11:10). En efecto,

Todos ellos vivieron por la fe, y murieron sin haber recibido las cosas prometidas; más bien, las reconocieron a lo lejos, y confesaron que eran extranjeros y peregrinos en la tierra. Al expresarse así, claramente dieron a entender que andaban en busca de una patria. Si hubieran estado pensando en aquella patria de donde habían emigrado, habrían tenido oportunidad de regresar a ella. Antes bien, anhelaban una patria mejor, es decir, la celestial. Por lo tanto, Dios no se avergonzó de ser llamado su Dios, y les preparó una ciudad.

—HEBREOS 11:13-16

Lo que siguió motivando a todas esas personas de fe, entonces, fue esto: sabían que esta vida presente no es todo lo que existe. Ellos tenían los ojos puestos en el cielo. De hecho, el escritor de Hebreos da otra exhortación: «Pues aquí no tenemos una ciudad permanente, sino que buscamos la ciudad venidera» (Hebreos 13:14). Y, sin embargo, he aquí, ¡lograron cosas asombrosas en la tierra! Todas esas personas de fe hicieron cosas extraordinarias. Como lo muestra lo que dijo C. S. Lewis: las personas que tienen sus ojos en el cielo logran más en la tierra, porque aquellos que apuntan al cielo alcanzan la tierra «venidera», pero aquellos que apuntan a la tierra «no obtienen nada».

DOS COSAS QUE DIOS QUIERE LOGRAR

Creo que Dios ha permitido que el doble golpe que ha sufrido el mundo en la actualidad atraiga nuestra atención. Pienso que él quiere lograr dos cosas en nosotros:

1. Permitirnos experimentar por nosotros mismos cuán real, maravilloso, verdadero, fiel y glorioso es Dios. Podría ser con algo espectacular, como los hijos de Israel cuando cruzaron el río Jordán o, algo menos dramático, pero igual de real, como cuando Dios le habló a Elías con «el sonido de un leve susurro» (1 Reyes 19:12, «voz suave y apacible» RVR1960).

2. Recordarnos que vamos al cielo. Ese es nuestro desti-
no. Esta vida no es todo lo que hay. No somos exis-
tencialistas, tenemos que vivir estos días como si la
vida no tuviera propósito alguno. El Dios de la Biblia
es un Dios de propósito. Y en la medida en que nos
enfoquemos en su Hijo, que murió en la cruz para
que podamos ir al cielo, lograremos más en la tierra
que lo que jamás soñamos.

Todos necesitamos descubrir tarde o temprano si lo que
creemos es verdad. Auténtico. Válido. Oro puro.

Considera a Jacob. No era un hombre muy agradable. Era
un mentiroso, un tramposo. Ciertamente, muy, muy indigno
de pertenecer a la estirpe de su padre y de su abuelo. Es posible
que creciera escuchando sobre su legendario abuelo, Abraham.
¿Te gustaría crecer escuchando acerca de los logros de aquellos de tu familia o de tu iglesia que estaban allí antes de tu
llegada? Es probable que te sientas inferior. Incapaz. Pero en
uno de los momentos más agobiantes de Jacob, cuando huía
de casa debido a la herida que le había hecho a su hermano
Esaú, llegó a «cierto lugar». No tenía idea de que era tierra
santa. Así que agarró una piedra y la usó como almohada para
pasar la noche.

Allí soñó que había una escalinata apoyada en la tierra, y cuyo extremo superior llegaba hasta el cielo.
Por ella subían y bajaban los ángeles de Dios. En el
sueño, el Señor estaba de pie junto a él y le decía:
Yo soy el Señor, el Dios de tu abuelo Abraham y de
tu padre Isaac. A ti y a tu descendencia les daré la
tierra sobre la que estás acostado. Tu descendencia
será tan numerosa como el polvo de la tierra. Te
extenderás de norte a sur, y de oriente a occidente, y
todas las familias de la tierra serán bendecidas por
medio de ti y de tu descendencia. Yo estoy contigo.

Te protegeré por dondequiera que vayas, y te traeré
de vuelta a esta tierra. No te abandonaré hasta cumplir con todo lo que te he prometido.

—GÉNESIS 28:12-15

Cuando Jacob despertó de su sueño, dijo: «Ciertamente el
Señor está en este lugar y yo no lo sabía» (v. 16).

Lo que sucedió fue esto: Jacob necesitaba experimentar
por sí mismo cuán real era Dios. No podría haber imaginado
que habría un cliché que se repetiría miles de millones de veces
durante los próximos siglos: «El Dios de Abraham, el Dios de
Isaac y el Dios de Jacob».

Dios quiere hacer esto por ti. Quizás nunca ha sido tan
real para ti. Pero él quiere llevarte a un lugar en el que puedas decirlo sinceramente, pero con gloria en tu alma: «Nunca
antes habíamos pasado por este camino».

Una cosa más: ya sea un milagro espectacular o algo poco
espectacular, no depende de nosotros hacer que algo suceda.
No tenemos que «arreglarlo» ni «imaginar» que suceda algo
que no está ocurriendo; nuestra tarea es concentrarnos en el
arca del pacto, cumplido en el Señor Jesucristo, y ver a Dios
hacer la obra. Concéntrate en Jesús.

Capítulo ocho

EL OPROBIO

Hoy les he quitado de encima el oprobio de Egipto.
—Josué 5:9

*La verdad es generalmente la mejor
justificación contra la calumnia.*
—Abraham Lincoln (1809-1865)

¿Sabes lo que es ser cuestionado, no tener justificación para nada? Significa que tu reputación está opacada. De modo que te encantaría que tu nombre se reivindicara, que tanto tus amigos como tus enemigos te vieran como acusado falsamente o incomprendido.

Este capítulo es para ti.

Los hijos de Israel tenían que hacer algo más antes de cruzar el Jordán por tierra firme. Todos los hombres debían ser circuncidados, es decir, aquellos hombres que habían nacido desde que salieron de Egipto cuarenta años antes (Josué 5:5). Esa era una señal del pacto, que se remontaba a Abraham (Génesis 17:9-11). Josué quería asegurarse de que todos los israelitas varones fueran circuncidados.

En ese tiempo, les llegó un regalo inesperado a los hijos de Israel. «Hoy les he quitado de encima el oprobio de Egipto» (Josué 5:9).

La palabra *oprobio* significa vergüenza. Soportar un estigma; ser desacreditado, deshonrado o mancillado. Se refiere a la forma en que te perciben o cómo crees que te perciben. Es vergonzoso porque afecta tu orgullo.

Cuando Raquel, que había sido estéril, finalmente le dio un hijo a Jacob, dijo: «Dios ha quitado mi oprobio» (Génesis 30:23). La esterilidad estaba ligada a la vergüenza. El profeta Isaías pudo exclamar: «Tú, mujer estéril que nunca has dado a luz, ¡grita de alegría! Tú, que nunca tuviste dolores de parto, ¡prorrumpe en canciones y grita con júbilo! Porque más hijos que la casada tendrá la desamparada —dice el SEÑOR» (Isaías 54:1, 4).

Este capítulo es importante principalmente por esta razón: los cristianos de hoy, hablando en general, no son muy respetados. A menudo se ríen de ellos, se burlan de ellos, se los menosprecia, se los considera en su mayoría ignorantes y no se los tiene en alta estima. Esto contrasta con la forma en que se consideraba a los cristianos en la iglesia primitiva: «Ninguno de los incrédulos se atrevía a unirse a ellos [cristianos], pero la gente los tenía en alta estima» (Hechos 5:13).

Creo que el doble golpe en el que estamos terminará cambiando todo eso. Dios no permitió esta crisis por nada; creo que conducirá al tercer Gran Despertar de Estados Unidos y del mundo, eclipsando el Despertar de Nueva Inglaterra y al Avivamiento de Cane Ridge. Es a lo que me he referido en otra parte como la unión de la Palabra y el Espíritu.

DOS TIPOS DE OPROBIO

La palabra oprobio debe aplicarse de dos maneras: (1) un oprobio que Dios no quiere que suframos. Ejemplo de ello es lo que Josué llamó «el oprobio de Egipto» que Dios quitó de los hijos de Israel justo antes de que entraran a Canaán. El oprobio eliminado fue como una reivindicación franca para ellos, incluso antes de que cayeran los muros de Jericó. Sin embargo, hay (2) un oprobio que Dios quiere que tengamos y que con gusto lo llevamos para la gloria de Cristo. Pedro y Juan se regocijaron, era como si (si se me puede perdonar por decirlo de esta manera) no pudieran creer en su suerte, que fueron considerados «dignos» de llevar la *vergüenza del nombre* de Jesús (Hechos 5:41). Estaban encantados con este oprobio. Eso se produjo mediante una medida de vindicación «por el Espíritu», lo que Jesús experimentó plenamente (1 Timoteo 3:16). Volveré a esto.

¿Qué era «el oprobio de Egipto»? Era un estigma por, al menos, cuatro cosas para los israelitas.

1. Era un sentimiento de vergüenza que se había incorporado a ellos todo el camino desde Egipto, donde eran una nación de esclavos. ¿Quién iba a respetar a unos esclavos?

2. Se refería a las burlas e insultos que les dirigían los egipcios. Se burlaron de ellos porque vagaron por el desierto todos esos cuarenta años sin poder llegar a la tierra de Canaán (Números 14:16).

3. Se les consideraba una especie de egipcios (Números 22:5). Su circuncisión demostró que eran verdaderamente israelitas, no solo defendían el pacto abrahámico, sino que se identificaban con el hecho de que Moisés había sido circuncidado, siendo esta la forma en que la hija de Faraón supo que el bebé Moisés era hebreo (Éxodo 2:6).

4. Los primeros tres puntos muestran lo que habría afectado la forma en que los israelitas se habían visto a sí mismos. Los que murieron en el desierto habrían estado desmoralizados hasta el día de su muerte. Fue una generación de personas que no tenían nada por lo cual vivir, solo para morir en el desierto porque no siguieron a Josué ni a Caleb cuando pudieron haber entrado en Canaán cuarenta años antes (Números 14:30-33). Dios había jurado en su ira que no entrarían en su reposo (Hebreos 3:10). Y no lo hicieron. Su consternación se habría contagiado a aquellos

hombres que eran más jóvenes y ahora debían ser circuncidados. Josué les aseguró que eran una nueva generación; ciertamente iban a cruzar el Jordán. Josué les anunció: «Hoy les he quitado de encima el oprobio de Egipto» (Josué 5:9).

Ellos no necesitaban sentirse identificados con la generación anterior; eran los hombres de hoy. El oprobio que habían soportado hasta el día en que fueron circuncidados, entonces, no era un estigma que Dios quería que tuvieran. Mientras soportaran ese tipo de oprobio, nadie les tendría miedo. ¿Quién les tendría miedo a unos esclavos? ¿Quién temería a los egipcios? ¿Quién temería a la gente que había vagado por el desierto durante todos esos años, pero no podía entrar en Canaán? ¡Nadie temía a esa gente del desierto! Eran débiles, quejosos.

Pero eso cambió de la noche a la mañana. Cuando cruzaron el Jordán por tierra firme, se corrió la voz como un reguero de pólvora por todo Canaán.

En efecto, un gran pánico invadió a todos los reyes amorreos que estaban al oeste del Jordán y a los reyes cananeos de la costa del Mediterráneo cuando se enteraron de que el SEÑOR había secado el Jordán para que los israelitas lo cruzaran. ¡No se atrevían a hacerles frente!

—JOSUÉ 5:1

Cuando los israelitas se enteraron de que el corazón de sus enemigos se «derretía», fue como una franca reivindicación. Ahora tenían una confianza tremenda. Sabían que no eran esclavos. Que no eran egipcios. La gente ya no se burlaría de ellos ni les dirían que eran unos perdedores.

Puede ser muy alentador cuando tu enemigo te tiene miedo. Eso es lo que le dio valor a Gedeón. Este escuchó a un hombre que le contaba un sueño a su amigo.

—Tuve un sueño —decía—, en el que un pan de cebada llegaba rodando al campamento madianita, y con tal fuerza golpeaba una carpa que esta se volteaba y se venía abajo. Su amigo le respondió: Esto no significa otra cosa que la espada del israelita Gedeón hijo de Joás. ¡Dios ha entregado en sus manos a los madianitas y a todo el campamento! Cuando Gedeón oyó el relato del sueño y su interpretación, se postró en adoración. Luego volvió al campamento de Israel y ordenó: «¡Levántense! El SEÑOR ha entregado en manos de ustedes el campamento madianita».

—JUECES 7:13-15

EL CRISTIANO Y EL COMPLEJO DE INFERIORIDAD

Creo que muchos en la iglesia de hoy tienen un complejo de inferioridad. Sabemos que no nos respetan. Lo cual duele. Nadie teme a Dios; nadie respeta a la iglesia. El mundo se burla de nosotros y parecemos niños indefensos.

Somos como los hijos de Israel *antes* de que les quitaran el «oprobio de Egipto».

Necesitamos que se nos recuerde que nuestro enemigo, el diablo, es resistible: «Resiste al diablo, y huirá de ti» (Santiago 4:7); «Su enemigo el diablo ronda como león rugiente, buscando a quién devorar. Resístanlo, manteniéndose firmes en la fe, sabiendo que sus hermanos en todo el mundo están soportando la misma clase de sufrimientos» (1 Pedro 5:8-9). El propósito del rugido de un león es ahuyentar. El efecto de un ataque satánico a menudo es asustarnos y hacernos pensar que estamos derrotados cuando no lo estamos, hacernos pensar que hemos cedido cuando no lo hemos hecho. Como dijo Juan: «El que está en ustedes es más poderoso que el que está en el mundo» (1 Juan 4:4).

Una parte del «oprobio de Egipto» es la forma en que nos percibimos a nosotros mismos. También se debe a la forma en que se nos percibe. Sabemos cómo se ríe el mundo y que no nos respeta. Parte de esto es que nos avergüenza el tipo de oprobio que deberíamos aceptar, como explicaré más adelante.

Debemos resistirnos a escuchar las burlas del mundo; es lo mismo que escuchar al diablo. No le creas al diablo. El diablo es un mentiroso (Juan 8:44). Y, sin embargo, como dijo William Perkins (1558-1602): «¡No le creas al diablo, aun cuando diga la verdad!». El diablo no solo citará las Escrituras, también señalará lo que el mundo dice sobre nosotros. El propósito es intimidarnos y desmoralizarnos.

Dios no quiere que tengamos el oprobio de Egipto, pero hay un oprobio que si desea que soportemos, a saber, que llevemos el estigma por la gloria del nombre de Cristo. Este es un oprobio que deberíamos agradecer y celebrar. Es una reivindicación interna, una reivindicación del Espíritu. Jesús fue «vindicado por el Espíritu» (1 Timoteo 3:16). Esa fue una reivindicación interna; es lo que tenía en su corazón: la aprobación absoluta del Padre. La que señaló en su bautismo: «Este es mi Hijo amado, en quien tengo complacencia» (Mateo 3:17). Se manifestó nuevamente cuando se transfiguró ante los discípulos: «Este es mi Hijo amado, en quien tengo complacencia; escúchalo» (Mateo 17:5).

Jesús nunca fue reivindicado por otros. Los fariseos no creyeron en él. Los cinco mil que lo siguieron después de que los alimentó con los panes y los peces se redujeron a doce (Juan 6:66-67). Herodes no lo reivindicó. Pilato tampoco. Los judíos exigieron su crucifixión. Su vindicación vino del Padre por el Espíritu.

Incluso después de que resucitó, no hubo reivindicación alguna. ¿Fue a la casa de Herodes o a la de Pilato la mañana de Pascua y les dijo: «¡Sorpresa!»? No, no lo hizo. Podría haberlo hecho, pero su vindicación continuaría siendo interna, es decir, la que es revelada por el Espíritu Santo.

Hasta el día de hoy, todavía está siendo vindicado por el Espíritu. Eso continuó en Pentecostés cuando se convirtieron tres mil. Eso fue por el Espíritu. Cuando tú y yo nos convertimos, es a causa de la obra del Espíritu Santo (Juan 6:44). No lo vemos cara a cara. Su reivindicación vendrá un día cuando, después de su Segunda Venida, «en el nombre de Jesús se doblará toda rodilla, en el cielo y en la tierra y debajo de la tierra, y toda lengua confiese que Jesucristo es el Señor, para gloria de Dios el Padre» (Filipenses 2:10-11).

Mientras tanto, tú y yo debemos obtener nuestra reivindicación como lo hizo Jesús. Aunque se le dio el Espíritu «sin medida» (Juan 3:34), tú y yo tenemos una «medida de fe» (Romanos 12:3). No debemos buscar la aprobación de la gente. Recibimos nuestra reivindicación internamente, como la que recibió Jesús. Es por el Espíritu que somos capacitados para buscar solo la aprobación de Dios (Juan 5:44).

Eso implica que dejemos que nuestros críticos nos hagan blanco de sus críticas. Que dejemos que nos llamen tontos. Dirán cosas que nos harán parecer estúpidos. La esencia del estigma es un sentimiento de vergüenza. Y, sin embargo, si verdaderamente aceptamos el oprobio por causa de Cristo, seremos como Pedro y Juan. Ellos se *regocijaron* por el inestimable privilegio de sufrir «deshonra por el nombre de Cristo» (Hechos 5:41).

¿Cómo podemos hacer eso? ¿Cómo podemos estar tan seguros? Respuesta: porque sabemos que tenemos la *verdad*.

Después de todo, la verdad es la mejor justificación contra la calumnia.

Capítulo nueve

EL MANÁ

Al día siguiente, después de la Pascua, el pueblo empezó a alimentarse de los productos de la tierra, de panes sin levadura y de trigo tostado. Desde ese momento dejó de caer maná, y durante todo ese año el pueblo se alimentó de los frutos de la tierra.
—Josué 5:11-12

Estoy a dieta de mariscos; como de todo menos mariscos.
—Dolly Parton

DIOS SABE QUE tenemos que comer para permanecer vivos. A menudo he pensado en lo interesante que es que Jesús colocara, en el Padrenuestro, la petición del alimento —«Danos hoy nuestro pan cotidiano»— antes que las peticiones espirituales. (Ver Mateo 6:11-13). No es fácil pensar en cosas espirituales con el estómago vacío. William Booth (1829-1912), fundador del Ejército de Salvación, solía decir que es difícil predicar el evangelio a personas con el estómago vacío.[1] Así que, los alimentó primero.

La mayoría de nosotros no nos preocupamos demasiado por la abundancia de alimentos en los supermercados. Por lo general, obtenemos lo que necesitamos. Si no encontramos lo que queremos, nos quejamos con el encargado de la tienda. Por lo general esperamos que haya comida en los estantes.

Siempre di por hecho la existencia de comida en las tiendas, es decir, hasta que visité unos establecimientos expendedores de alimentos en Polonia y Rusia antes de que derribaran el Muro de Berlín el 9 de noviembre de 1989. Aquello me conmocionó. Visitamos un supermercado en Varsovia y los estantes de toda la tienda estaban casi vacíos. No había carne ni pan.

Me sorprendió igualmente cuando Louise y yo visitamos nuestro supermercado inmediatamente después de que regresamos de Londres el 15 de marzo de 2020. La crisis del coronavirus fue la causa de que tantos estantes estuvieran vacíos durante varios días; todo el mundo se había apresurado a ir a la tienda y había acumulado alimentos y suministros como si no íbamos a tener nada durante mucho tiempo, especialmente papel higiénico. Eso me recordó las tiendas de la antigua Unión Soviética. Seguí preguntándome: «¿Es esto Estados Unidos?».

Además de la escasez de ciertos suministros en las tiendas debido al aumento de la demanda, muchos restaurantes cerraron y, cuando volvieron a abrir, fue solo para recoger órdenes o entregar la comida lista en las aceras. De modo que el bloqueo del COVID-19 cambió muchos de nuestros hábitos alimenticios, al menos temporalmente en la mayoría de los lugares. En verdad, muchos podrían decir: «Nunca antes habíamos pasado por este camino».

No creo que había gente con sobrepeso en el desierto durante los cuarenta años que los hijos de Israel vagaron entre las dunas. Dios les proporcionó lo que necesitaban para sobrevivir. Al comienzo de esos cuarenta años, la gente empezó a quejarse de que no había comida. Murmuraban y les decían a Moisés y a Aarón:

> Cómo quisiéramos que el SEÑOR nos hubiera quitado la vida en Egipto —les decían los israelitas—. Allá nos sentábamos en torno a las ollas de carne y comíamos pan hasta saciarnos. ¡Ustedes nos han traído a este desierto para matar de hambre a toda la comunidad!
>
> —ÉXODO 16:3

En ese momento, Dios intervino misericordiosamente y les dio un alimento sobrenatural llamado maná. Primero, la «gloria del Señor apareció en la nube» (v. 10) mientras miraban hacia el desierto. Segundo, a la mañana siguiente «había rocío alrededor del campamento» (v. 13).

> Al desaparecer el rocío, sobre el desierto quedaron unos copos muy finos, semejantes a la escarcha que cae sobre la tierra. Como los israelitas no sabían lo que era, al verlo se preguntaban unos a otros: «¿Y esto qué es?» Moisés les respondió: —Es el pan que el SEÑOR les da para comer.
>
> —ÉXODO 16:14-15

Maná significa «¿Qué es esto?». A eso lo llamaron maná alimenticio. «Era blanco como la semilla de cilantro, y dulce como las tortas con miel» (Éxodo 16:31), además «sabía a pan amasado con aceite» (Números 11:8). Dios les dijo que comieran todo lo que quisieran. Era comida sobrenatural. No importa cuánto reunieran para comer, incluso si era mucho, no les quedaría nada. A los que recogieron poco no les faltó. Podían hornearlo o hervirlo. Si dejaban una porción para la mañana siguiente, «engendraba gusanos y apestaba» (Éxodo 16:20). Se les daba lo suficiente para cada día; Dios les suministró lo que necesitaban.

El día antes del sábado, sin embargo, se suponía que debían guardarlo para que hubiera suficiente comida en el Sabbat. El maná no caía el sábado.

> Comieron los israelitas maná cuarenta años, hasta que llegaron a los límites de la tierra de Canaán, que fue su país de residencia.
>
> —ÉXODO 16:35

En efecto, después de la circuncisión, habiendo guardado la Pascua (Josué 5:10), cesó el maná. Hace mucho tiempo que este relato me sorprende.

> Al día siguiente, después de la Pascua, el pueblo empezó a alimentarse de los productos de la tierra, de panes sin levadura y de trigo tostado. Desde ese momento dejó de caer maná, y durante todo ese año el pueblo se alimentó de los frutos de la tierra.
>
> —Josué 5:11-12

DIEZ CONCLUSIONES ACERCA DEL MILAGRO DEL MANÁ

Debemos aprender algunas lecciones de la era del maná en el desierto.

1. Dios proveyó comida de manera sobrenatural cuando no había alimento natural en el desierto. Ese es un recordatorio de que Dios nos cuida a nivel natural.

2. Ese alimento fue provisto para una generación desobediente. Eran las mismas personas que Dios juró en su ira que no entrarían en su reposo, es decir, en la tierra prometida de Canaán (Hebreos 3:11). Aunque eran indignos, Dios los cuidó. Después de todo, era su pueblo los que habían celebrado la Pascua y habían cruzado el Mar Rojo por tierra firme.

3. La gente se cansó del maná. «¡Quién nos diera carne! ¡Cómo echamos de menos el pescado que comíamos gratis en Egipto! ¡También comíamos pepinos y melones, y puerros, cebollas y ajos! Pero ahora, tenemos reseca la garganta; ¡y no vemos nada que no sea este maná!» (Números 11:4-6). Eso nos da una pista de que, aunque oremos para que Dios se manifieste de manera sobrenatural, podríamos acostumbrarnos tanto que lo demos por merecido y dejamos de apreciarlo.

4. El plan típico de Dios para nosotros es que comamos alimentos naturales y físicos de la tierra. El maná era para una época especial, una que no es probable que se repita. Dios les dio maná durante todos esos años, pero se detuvo el «mismo día» en que ya no era necesario.

5. Dios sabe exactamente lo que necesitamos: comida, refugio, ropa; él prometió suplir toda nuestra necesidad. Nuestro deber es buscar primero el reino de Dios y su justicia, y el resto se agregará a ello (Mateo 6:33).

6. Ya sea que Dios se manifieste de manera sobrenatural o natural, debemos estar igualmente agradecidos por la forma en que él decide suplir nuestra necesidad.

7. No debemos sobreestimar la importancia de lo sobrenatural y suponer que solo eso revela la gloria de Dios; su gloria puede estar tan presente en lo natural como en lo sobrenatural.

8. Es el cristiano sano el que puede reconocer cualquier forma en que Dios elija cuidarnos, ya sea mediante la curación sobrenatural o el uso de medicinas y médicos. Pablo podía realizar milagros y orar por la curación física (Hechos 28:8) y sin embargo instruyó a Timoteo para que tomara «un poco de vino por el bien de tu estómago y tus frecuentes dolencias» (1 Timoteo 5:23).

9. El «mismo día» en que cesó el maná, los hijos de Israel comieron «tortas sin levadura y grano tostado» (Josué 5:11). ¿Sería que todos estaban cansados del maná? ¿Por qué Dios detuvo la provisión de maná?

10. Todas las eras sobrenaturales llegan a su fin. Todos los avivamientos llegan a su fin. Todas las pruebas llegan a su consumación. Dios quiere que vivamos por fe cualquiera que sea la situación. Él proveerá.

Jonathan Edwards nos enseñó que la tarea de cada generación es descubrir en qué dirección se está moviendo el Redentor soberano y luego movernos en esa dirección. La única forma en que podemos hacer esto es manteniendo nuestros ojos en Jesucristo. Él nos mostrará el siguiente paso adelante, en nuestra travesía terrenal, mientras continuamos avanzando a donde nunca hemos estado.

Capítulo diez

LA PASCUA

Y los hijos de Israel acamparon en Gilgal, y celebraron
la pascua a los catorce días del mes, por la tarde, en
los llanos de Jericó.
—Josué 5:10 RVR1960

Honremos la sangre de Jesucristo en cada momento
de nuestra vida y nuestras almas serán dulces.
—William J. Seymour (1870-1922)

La pascua constituyó la protección de Dios para los hijos
de Israel cuando la décima plaga azotó a Egipto y al monar-
ca Faraón. Moisés le advirtió a Faraón —con una plaga tras
otra— que debía liberarlos. Faraón continuó negándose, mos-
trando un corazón duro que no cedía. Luego vino la última
plaga a Egipto. Dios les dijo a Moisés y a Aarón que tomaran
un cordero de un año y rociaran su sangre a cada lado de los
postes de las puertas y los dinteles de las casas. Y que se comieran el cordero asado al fuego.

> Comerán el cordero de este modo: con el manto
> ceñido a la cintura, con las sandalias puestas, con la
> vara en la mano, y de prisa. Se trata de la Pascua del
> Señor. Esa misma noche pasaré por todo Egipto y
> heriré de muerte a todos los primogénitos, tanto de
> personas como de animales, y ejecutaré mi sentencia
> contra todos los dioses de Egipto. Yo soy el Señor.

115

La sangre servirá para señalar las casas donde ustedes se encuentren, pues al verla pasaré de largo. Así,
cuando hiera yo de muerte a los egipcios, no los
tocará a ustedes ninguna plaga destructora.

—ÉXODO 12:11-13

Dios destruyó a todos los primogénitos en Egipto cuando el ángel de Dios pasó por todo el imperio. Eso incluyó al
propio primogénito de Faraón. Al fin, Faraón cedió y dejó ir
al pueblo. Los israelitas terminaron atravesando el Mar Rojo
por tierra firme. Por último, Israel quedó libre.

La Pascua sería un recordatorio memorable que se guarda-
ría para siempre. Dios quería estar seguro de que Israel siempre
estuviera agradecido y que nunca olvidara esa noche trascen-
dental. Lo primordial en la Pascua es el enfoque de Dios en la
sangre. «Al verla (la sangre), pasaré de largo» (v. 13).

HONRA LA SANGRE

Me pusieron el nombre del predicador favorito de mi padre, el
doctor R. T. Williams. El Dr. Williams extendió la siguiente
palabra de instrucción a los predicadores: «Honren la sangre
y honren al Espíritu Santo». Estas palabras no han dejado de
resonar en mí. Oro todos los días, muchas veces, para que el
Espíritu Santo rocíe la sangre de Cristo sobre mí. Oro por el
rocío de la sangre de Jesús sobre las mentes de los que escuchan cuando predico. Empiezo cada mañana y termino cada
tarde orando por la aspersión de la sangre de Jesús. Comencé cada capítulo de este libro orando para que su sangre me
cubriera mientras escribía.

Cuando Moisés inauguró el pacto de Dios con Israel,
«tomó la sangre, roció al pueblo con ella y dijo: Esta es la
sangre del pacto que, con base en estas palabras, el SEÑOR ha
hecho con ustedes» (Éxodo 24:8).

El escritor de Hebreos se refiere al hecho de que cuando
oramos acudimos «a Jesús, el mediador de un nuevo pacto, y

a la sangre rociada» (Hebreos 12:24), lo cual se refiere a la sangre de Jesús que fue rociada sobre el propiciatorio celestial. Pedro comienza su primera carta refiriéndose a «la previsión de Dios el Padre, mediante la obra santificadora del Espíritu, para obedecer a Jesucristo y ser redimidos [*rociados*, en la *Nueva Versión Internacional* de la Biblia en inglés] por su sangre» (1 Pedro 1:2). Estas tres cosas: santificación, obediencia y aspersión de sangre, son todos privilegios y beneficios constantes en nuestra relación con Dios.

Lo mismo se asume en 1 Juan 1:7. La sangre se aplica mientras caminamos en la luz. «Pero, si vivimos en la luz, así como él está en la luz, tenemos comunión unos con otros, y la sangre de su Hijo Jesucristo nos limpia de todo pecado». Todos estos versículos se refieren a los privilegios y responsabilidades constantes en nuestra relación con Dios. Estas no son experiencias en tiempo pasado que se refieren simplemente a una conversión de una vez por todas; todas se refieren a privilegios y responsabilidades en tiempo presente.

Cuando Dios preparó a los hijos de Israel en Egipto para la Pascua, dejó en claro que eso sería recordado cada año.

> Este es un día que por ley deberán conmemorar siempre. Es una fiesta en honor del Señor, y las generaciones futuras deberán celebrarla.
>
> —Éxodo 12:14

No hubo fiesta de Pascua —en la que se comiera un cordero— durante los cuarenta años que pasaron en el desierto; su único alimento era el maná. Pero tan pronto como pudieron, justo después del tiempo de la circuncisión, guardaron la Pascua. Nunca olvides el significado de las palabras «pasaré de largo» que aparece en la frase *«Pues al verla pasaré de largo»* (v. 13).

La Pascua honra la sangre. Señala su cumplimiento final mil trescientos años después. La sangre rociada a cada lado

del poste de la puerta y sobre los dinteles es una clara vista
previa profética de Jesús colgado en la cruz.

Mira, desde su cabeza, sus manos, sus pies,
El dolor y el amor fluyen mezclados.
¿Se unieron tanto amor y dolor,
o los espinos compusieron una corona tan rica?

—ISAAC WATTS (1674-1748)[1]

Los hijos de Israel guardaron la Pascua precisamente antes
de cruzar el Jordán por las siguientes razones: (1) como obediencia a Dios, que estipuló que la Pascua debía celebrarse
como una fiesta anual, (2) para mostrar gratitud a Dios por la
forma en que los cuidó durante los cuarenta años, y (3) porque deseaban honrar a Dios antes de entrar a Canaán.

Entretanto que seguimos tratando con un lugar en el que
nunca hemos estado antes, seamos fieles en cuanto a honrar la
sangre. Hacer eso exalta la cruz, honra a aquel que murió por
nosotros y da gloria a Dios, que envió a su Hijo en propiciación por nuestros pecados. Esa es la forma más segura y más
enfocada en Dios de vivir lo que se avecina.

Capítulo once

TIERRA SANTA

Cierto día Josué, que acampaba cerca de Jericó, levantó la vista y vio a un hombre de pie frente a él, espada en mano. Josué se le acercó y le preguntó:

—¿Es usted de los nuestros, o del enemigo?

—¡De ninguno! —respondió—. Me presento ante ti como comandante del ejército del SEÑOR.

Entonces Josué se postró rostro en tierra y le preguntó:

—¿Qué órdenes trae usted, mi SEÑOR, para este siervo suyo?

El comandante del ejército del SEÑOR le contestó:

—Quítate las sandalias de los pies, porque el lugar que pisas es sagrado.

Y Josué le obedeció.

—JOSUÉ 5:13-15

¡Pisa suavemente! Toda la tierra es suelo santo.
—CHRISTINA ROSSETTI (1830-1894)

UNO DE MIS primeros mentores fue el doctor N. Burnett Magruder (1914-2005). Graduado de Yale, fue el principal responsable de presentarme los escritos de Jonathan Edwards. Una vez le sugerí al Dr. Magruder, en agosto de 1956, que seguramente el nivel más alto de devoción a Dios sería morir como mártir por el Señor. Él sonrió, sacó un pequeño trozo de papel y escribió una breve oración, que he llevado conmigo durante años: «Mi disposición a renunciar a cualquier exigencia en cuanto a Dios es la única evidencia de que he visto la gloria divina». Es quizás la declaración más profunda que he encontrado fuera de la Biblia. Todavía reflexiono en ella. Llega a lo más profundo, el abismo sin fondo, de nuestro egocentrismo.

A veces pienso que examinar el corazón humano es algo así como pelar las capas de una cebolla. Como dijo Jeremías: «Engañoso es el corazón más que todas las cosas, y perverso; ¿quién lo conocerá?» (Jeremías 17:9 RVR1960). No podría haber adivinado en 1956 que habría quienes sostengan la opinión de que Dios nos necesita y existe solo para bendecirnos y hacernos sentir bien; por lo tanto, podemos exigirle que haga cualquier cosa por nosotros. Según el Dr. Magruder, ver la gloria de Dios lleva a afirmarlo, aunque no nos haga sentir bien ni haga cualquier cosa por nosotros. Como dijo Job: «aunque él me matare, en él esperaré» (Job 13:15 RVR1960). Cuanto más nos acercamos a Dios, más requiere que respetemos su soberanía.

Eso es precisamente lo que estaba pasando con Josué y el hombre de la espada desenvainada. Josué tenía más que aprender sobre los caminos de Dios. Moisés lo había instruido durante muchos años. Estuvo presente en la Pascua y vivió en carne propia el cruce del Mar Rojo. Vio la columna de nube de día y la columna de fuego de noche. Fue uno de los espías que entró en Canaán y estuvo de acuerdo con Caleb en que los hijos de Israel deberían ir inmediatamente a esa tierra. Fue absolutamente fiel y leal a Moisés. Vio la serpiente de bronce que Moisés levantó ante el pueblo cuando pecaron tan intensamente. Vivía del maná en el desierto como todos los demás. Dios lo eligió para suceder a Moisés, que luego impuso sus manos sobre Josué. Dios le aseguró a Josué que estaría con él tal como había estado con Moisés (Josué 1:5).

Pero Josué ahora enfrentaba un desafío nuevo y diferente. Vio una figura notable, un hombre con una espada desenvainada. Josué reconoció el poder y la autoridad de ese hombre.

Josué supo de inmediato que esa impresionante figura era una fuerza a considerar; no quería que ese hombre estuviera del lado del enemigo, eso es seguro. El peor temor de Josué era que ese hombre pudiera estar del lado del mismo pueblo que los hijos de Israel debían conquistar por mandato divino.

Después de escuchar la pregunta de Josué: «¿Eres de nosotros o de nuestros adversarios?», la respuesta del hombre fue extraña: «No». La pregunta de Josué no requería un sí o un no por respuesta, pero el hombre dijo: «No». Muchas traducciones dicen «De ninguno».

¿Qué tipo de respuesta es esa? Ya sea «no» o «de ninguno», no fue muy útil ni alentadora. Josué pensó que, si Dios estaba con él, como había estado con Moisés, seguramente una figura tan impresionante estaría con él y los hijos de Israel.

Sin embargo, el hombre continuó: «Soy comandante del ejército del Señor. Aquí estoy».

CUATRO DESCUBRIMIENTOS ACERCA DEL ENCUENTRO DE JOSUÉ CON EL DESCONOCIDO

Josué iba a descubrir cuatro cosas en ese encuentro con el asombroso hombre de la espada desenvainada. Esos descubrimientos nos enseñan en cuanto a la tierra santa de la soberanía de Dios. Exploremos a continuación.

1. El hombre estaba del lado de Dios y solo se preocupaba por la voluntad de este.

Si el hombre está verdaderamente del lado de Dios, ¿no significa eso que necesariamente esté de nuestro lado? No. El hombre de la espada desenvainada solo recibía instrucciones de Dios. Dios existe para su propia gloria. El Dios de Josué es el polo opuesto de la generación actual que solo piensa en «¿Qué gano yo?». Josué podría haber pensado en esa misma forma y preguntarse: «¿Qué ganamos con esto?». Pero la respuesta fue nada, excepto el gozo y la emoción de ver a Dios dar innumerables victorias sin que nadie en la tierra obtenga el crédito, solo Dios.

A Josué se le estaba enseñando a obtener su satisfacción al ver a Dios glorificado, es decir, Dios obteniendo todo el crédito. Eso le hizo ver a Josué que no tenía derecho a exigirle nada a Dios. No tenía nada que reclamar por «derecho» a Dios; no podía decir: «Dios, me debes esto». El asombroso hombre de la espada desenvainada le informó a Josué que no estaba de ningún lado, sino del lado del Señor. Josué necesitaba aprender que Dios quiere ser adorado cuando admitimos que no está obligado con nosotros. Dependemos totalmente de su misericordia. Abandonamos cualquier reclamo a Dios, pero lo adoramos porque es *Dios*. De lo que se trata el asunto es de disfrutar que Dios es Dios, sin ninguna referencia a nosotros.

A Josué se le estaba enseñando a ver la gloria de Dios de otra manera. Pudo haber dicho que había visto la gloria simplemente porque vio la columna de nube de día y la de fuego de noche. Creo que algunos de nosotros queremos ver solo de manera visible para poder decir que vimos la gloria de Dios. Dios ciertamente puede hacer eso, sí. Pero Josué vio la gloria de Dios por fe, al escuchar la palabra del comandante. Era un aspecto de la gloria que iba más allá de todo lo que había concebido hasta ese momento; no era nada visible. Se refería a la soberanía de Dios, a que hacía lo que le agradaba, como lo expresó el salmista (Salmos 115:3). Por lo tanto, Josué necesitaba aprender que no tenía ningún derecho en cuanto a Dios. Él nunca podría poner a Dios en un aprieto ni obligarlo a hacer algo. Por lo tanto, ver la gloria de esa manera se refiere a afirmar que Dios es él mismo sin que tenga nada que ver con nosotros o por nosotros.

2. El hombre era un ángel.

Los ángeles son «espíritus ministradores de Dios, enviados para servir por causa de los que han de heredar la salvación»

(Hebreos 1:14). Los ángeles tienen un poder infinito que se deriva del Dios infinito. Están dedicados a la voluntad de Dios. No se les puede sobornar. Resienten a cualquiera que intente adorarlos. En una palabra: los ángeles son adoradores perfectos de Dios.

3. Josué fue puesto en su lugar.

Aunque asumió que *él* era el comandante de los hijos de Israel, Josué ahora descubre que ha sido superado por completo. El encargado no era Josué; era ese ángel. Josué ahora estaba aprendiendo que ese hombre con la espada desenvainada era el verdadero comandante de los ejércitos del Señor. Ese hombre dirigirá, instruirá, aconsejará y será el genio militar que orqueste todas las victorias. Josué no podrá recibir ningún crédito por los éxitos en Canaán.

4. Un ejército que Josué no sabía que existía, una hueste de ángeles invisibles, derrotaría al enemigo.

En otras palabras, no serían simplemente los hombres entrenados de Israel los que ganarían la victoria, sino los ángeles de Dios. No hay duda de que a nivel humano los hombres de Israel, ahora circuncidados y desprovistos del oprobio de Egipto, estaban entrenados y en forma. De hecho, cuarenta mil estaban listos para la guerra (Josué 4:13). Pero serían los ejércitos del Señor de los cielos, como diez drones que nadie puede ver, los que harán que sucedan milagros. Esa fue la única explicación para que ocurriera la división del río Jordán. Como se diría en los días de Eliseo, años después: «los que están con nosotros son más que los que están con ellos [el enemigo]» (2 Reyes 6:16).

Josué entonces le preguntó al comandante si tenía más noticias para él. El ángel respondió: *«Quítate las sandalias de los pies, porque el lugar que pisas es sagrado»* (Josué 5:15).

Josué no estaba consciente de que estaba en tierra santa. Necesitaba que le enseñaran eso. Moisés no sabía que estaba en tierra santa cuando vio la zarza ardiendo. Necesitaba que le enseñaran.

¿Qué hace que un poco de tierra sea santo? Es cuando y donde aparece Dios. Puede hacer esto en cualquier lugar y en cualquier momento. Esto significa que el lugar más insignificante puede ser declarado santo cuando Dios se muda. Puede llegar cuando menos lo esperas.

Esto significa que toda la tierra es santa.

> Del SEÑOR es la tierra y todo cuanto hay en ella, el mundo y cuantos lo habitan; porque él la afirmó sobre los mares, la estableció sobre los ríos.
>
> —SALMOS 24:1-2

Y se decían el uno al otro:

> «Santo, santo, santo es el SEÑOR Todopoderoso; toda la tierra está llena de su gloria».
>
> —ISAÍAS 6:3

En la zarza ardiente, Moisés tuvo que quitarse los zapatos porque trató de averiguar lo que Dios no quería que descubriera. Josué se quitó los zapatos cuando supo que no tenía que pelear sus batallas; esto es lo que Dios haría.

¿QUÉ NOS DICE ESTO?

¿Qué podemos aprender del hecho de que Josué tuviera que quitarse los zapatos? Primero, es una pequeñez que Dios envíe otro gran despertar. Los ejércitos del cielo derrotarán a los poderes de las tinieblas.

En segundo lugar, aunque Dios podría enviar ángeles sin que estemos cerca, ha elegido *usar a los que están equipados*. Pablo le dijo a Timoteo: «Esfuérzate por presentarte a Dios aprobado, como obrero que no tiene de qué avergonzarse y que interpreta rectamente la palabra de verdad» (2 Timoteo 2:15).

En tercer lugar, a veces Dios no hace nada excepto en respuesta a la oración. Por extraño que parezca, los que trabajan en la tierra orando sin cesar llaman la atención de Dios en el cielo.

¿Será que estás llamado a un ministerio de oración? Quizás tienes poco o ningún perfil o no eres la persona más educada que hay. Quizás no tengas mucho talento para hablar, escribir o cantar. Quizás sientas que no tienes dones del Espíritu. Curiosamente, no se menciona ningún «don de oración» en 1 Corintios 12:8-10 ni en Romanos 12:3-8. Pero puedes orar.

> Satanás tiembla cuando ve al santo más débil de rodillas.
>
> —WILLIAM COWPER (1731-1800)[1]

Dichas estas cosas, el próximo gran movimiento de Dios resultará en que lo afirmemos por lo que él es y cómo es más que un Dios con el que podemos jugar como si fuera un juguete, un Dios que nadie respeta. Necesitamos un derramamiento del Espíritu Santo que haga que la gente caiga a los pies de Jesús «como si estuvieran muertos» (Apocalipsis 1:17). Ese fue el efecto que el Señor de la gloria tuvo en Juan en la isla de Patmos.

Y, sin embargo, cuando se nos usa, y tenemos éxito, ¿quién se lleva la gloria? Seríamos necios si pensamos que el éxito está en nosotros. Como dijo el salmista:

> No a nosotros, oh Jehová, no a nosotros, sino a tu nombre da gloria.
>
> —SALMOS 115:1 RVR1960

Así que no debemos tener miedo al presente ni al futuro. No debemos temer porque vayamos a un lugar por un camino en el que nunca hemos pasado. El comandante del ejército del Señor luchará por nosotros. Él estará allí, justo cuando lo necesitemos; nunca demasiado temprano, nunca demasiado tarde, pero siempre justo a tiempo.

Capítulo doce

EL PRÓXIMO GRAN DESPERTAR

Pero el SEÑOR *le dijo a Josué:*
«¡He entregado en tus manos a Jericó, y a su rey con
sus guerreros!».
—JOSUÉ 6:2

¿No deseas que otros se salven?
Entonces ni tú mismo eres salvo, ¡asegúrate de eso!
—C. H. SPURGEON

CREO QUE LA crisis del doble golpe en la que estamos ahora conducirá al próximo gran movimiento de Dios en la tierra. Eso ocurrirá no porque algunos hombres brillantes, con su intelecto, convenzan a los ateos de la existencia de Dios. Tampoco llegará porque la legislación ayude a calmar los disturbios civiles. Ni tampoco llegará porque las vacunas acaben con la crisis del coronavirus.

El próximo gran movimiento de Dios vendrá cuando la gente común, por centenares, se convenza de que las personas necesitan ser salvas —y de que el evangelio es la única esperanza— y no tengan miedo ni vergüenza de decírselo a nadie.

Ojalá no fuera así, pero el único resultado aparente del doble golpe que sentimos en este momento es el miedo. Un gran miedo. Miedo a la enfermedad. Miedo a morir. Miedo a la violencia. Miedo a la recesión económica. Miedo al cambio.

Lo siento, pero el mundo aún no ha aprendido la lección.

Pablo le dijo a Timoteo: «Porque no nos ha dado Dios espíritu de cobardía, sino de poder, de amor y de dominio propio» (2 Timoteo 1:7 RVR1960). Juan, por otra parte, dijo: «Sino que el amor perfecto echa fuera el temor» (1 Juan 4:18). Estas dos afirmaciones son ciertas o no lo son. Y como son verdaderas, habrá quienes no se avergüencen del evangelio y estarán llenos de amor por las personas, sin importar raza ni opiniones políticas; tendrán un amor genuino por el evangelio y por el que necesite ser salvo. Estas personas son una parte vital de la clave para lograr el próximo gran despertar.

LAS PERSONAS MÁS PELIGROSAS
DEL MUNDO

Recordarás que la gente de fe en Hebreos 11 hizo grandes cosas en la tierra porque tenía los ojos fijos en el cielo. Asimismo serán las personas de hoy que tienen sus ojos fijos en el cielo y no temen morir las que harán el mayor bien en la tierra y serán las que liderarán el camino para ver a las personas salvarse durante el próximo gran movimiento de Dios. Mi amigo Josif Tson solía decirme: «La persona más peligrosa del mundo es aquella que no tiene miedo a morir».

¿Tienes miedo a morir? ¿Eres peligroso porque eres una amenaza para Satanás? ¿Somos como esas personas que pensaban que echar fuera demonios era un juego divertido, es decir, hasta que un demonio saltó sobre ellos después de decir: «Conozco a Jesús, y sé quién es Pablo, pero ustedes ¿quiénes son?» (Hechos 19:15). El demonio del infierno (griego *tartarus*) conocía a Jesús y a Pablo. Pero la mayoría de nosotros no somos conocidos en el infierno porque no somos una amenaza para los intereses de Satanás. Quiero ser conocido en el infierno; preferiría ser más famoso allá que aquí en la tierra.

Dios no está buscando personas cuyo objetivo sea lograr un cambio político. No busca a aquellos que simplemente quieran volver a sus cómodos estilos de vida. Está buscando a los que estén dispuestos a salir de su rutina para obedecer a Dios.

En el relato de la conquista de Jericó, por parte de Josué, se encuentra una imagen —un plano— del único tipo de evangelio que traerá un gran despertar. Es un evangelio que le da a Dios toda la gloria, así como Josué aprendió que sería el ejército del Señor el que haría la verdadera batalla. Josué no obtendría gloria alguna. De hecho, es interesante que el nombre de Josué ni siquiera se menciona en Hebreos 11. Dios mencionó a Abel, Enoc, Noé, Abraham, Sara, Isaac, Jacob, José y Moisés. Pero cuando se trata de la conquista de Jericó, dice: «Por la fe cayeron las murallas de Jericó, después de haber marchado el pueblo siete días a su alrededor» (Hebreos 11:30). ¡No dice la fe de quién! Recuerda: «No hay límite para lo que un hombre puede hacer o a dónde puede ir si no le importa quién recibe el crédito». Josué sabía de antemano que los muros de Jericó caerían y que sería Dios el que lo haría.

CLAVES PARA EL PRÓXIMO GRAN MOVIMIENTO DE DIOS

Cuando Dios le dijo a Josué: «Mira, he entregado a Jericó en tu mano», Jericó todavía estaba bien cerrada por dentro y por fuera (Josué 6:1-2). Hay tres cosas que podemos aprender de esto. Primero, el Señor le estaba asegurando a Josué de *antemano* que la batalla ya estaba ganada. Dios conoce el futuro a la perfección. Como dijo San Agustín (354-430): «Un Dios que no conoce el futuro no es Dios». Cuando el apóstol Pablo estaba listo para ir a la siguiente asignación, Dios le dijo en una visión que se quedara donde estaba en Corinto: «Tengo mucha gente en esta ciudad que es mi pueblo» (Hechos 18:10). ¡Dios los llamó «mi pueblo» antes de que se convirtieran! Asimismo Dios dijo que Jericó fue conquistada antes de que Josué la conquistara. Después de todo, Dios conoce el futuro y, por lo tanto, sabe quién se salvará. Dios conoce el fin desde el principio (Isaías 46:10). No solo eso; Dios le dijo a Pablo que no tuviera miedo.

> Una noche el Señor le dijo a Pablo en una visión: No tengas miedo; sigue hablando y no te calles, pues estoy contigo. Aunque te ataquen, no voy a dejar que nadie te haga daño, porque tengo mucha gente en esta ciudad.
>
> —HECHOS 18:9-10

Pablo permaneció en la ciudad. El resultado fue la fundación de una gran iglesia en Corinto y las dos cartas de Pablo a los Corintios que están en nuestro Nuevo Testamento.

En segundo lugar, esto nos muestra la esencia del evangelio: que la justicia nos es imputada únicamente por fe, sin obras. Si Dios nos salvó por nuestras obras, la gloria sería para nosotros. Pero Dios nos salva por gracia mediante la fe (Efesios 2:8). Él honró la fe de Abraham. Cuando este era un anciano y no tenía herederos, Dios le dijo que contara las estrellas: «Así será tu descendencia». Abraham podría haberle dicho a Dios: «Deja de bromear conmigo. ¿Esperas que crea algo tan imposible como eso?». Pero no. Abraham creyó en la palabra de Dios y Dios «contó» la fe de Abraham como «justicia» (Génesis 15:6). La justicia fue imputada a Abraham, pero también a todos los que creen en el Evangelio (Romanos 4:5). Pablo usó este relato como una muestra tipo A en su desarrollo de la justificación por la fe sola, en Romanos capítulo 4.

En otros lugares de algunos de mis libros he notado que la clave para el próximo gran movimiento de Dios puede ser el Libro de Romanos y especialmente el capítulo 4 de esa epístola, que trata sobre la fe de Abraham. Esto es lo que Dios usó en despertares previos a ambos lados del Atlántico. El primer Gran Despertar comenzó en gran parte con la predicación semanal de Jonathan Edwards sobre la justificación por la fe entre 1733 a 1738 en Northampton, Massachusetts. Martín Lutero llegó a ver que la fe sola, es decir, la fe en sí misma, satisface la justicia pasiva de Dios. Eso condujo a la gran Reforma en el siglo dieciséis y el mundo se puso patas arriba. Fue cuando John Wesley escuchó a alguien leer el prefacio de Lutero a su comentario sobre Romanos en un estudio bíblico en Aldersgate Street, en Londres, el 24 de mayo de 1738, lo que hizo que su corazón se sintiera «extrañamente ardiente». El resultado final fue el gran avivamiento en Inglaterra en el siglo dieciocho, con él y George Whitefield (1714-1770) a la cabeza. Paralelo al Gran Despertar en Estados Unidos de América.

Este tipo de enseñanza y predicación se necesita urgentemente hoy. Hay millones de ciudadanos como Faraón, que no sabía nada sobre José (Éxodo 1:8), que muestran desprecio por nuestra herencia y quieren derribar estatuas y quemar la bandera y los símbolos nacionales. Asimismo, hay decenas de miles en la iglesia que saben poco o nada acerca de Romanos y de su capítulo 4. En lugar de defender la Palabra de Dios, ahora hay quienes afirman con valentía: «Hay una nueva generación de profetas que se está levantando que no solo conocerá el futuro, sino que lo provocará». ¡Están equivocados! Las cosas no pueden ser peores. Personajes como esos los alentarán a creer en ellos más que en las Escrituras. Lamentablemente, hay quienes no leen la Biblia porque buscan una «palabra profética» todo el tiempo. Su locura se manifestará pronto. Es como vivir alimentándose con algodón de azúcar.

Hay una tercera cosa implícita en el hecho de que Jericó esté bien cerrada; es una imagen de dos cosas.

• Primero, es una imagen de la condición espiritual de *todas* las personas. Todos nacemos «muertos en delitos y pecados» (Efesios 2:1). Solo el Espíritu Santo puede dar vida; nadie puede venir a Cristo a menos que sea atraído por el Espíritu Santo (Juan 6:44).

- En segundo lugar, es una imagen del mundo. No hay temor de Dios en la tierra y poco o nada en la iglesia, hablando en general. Ver a cientos de miles de personas volviéndose a Dios llorando por sus pecados equivaldría a que los muros de Jericó cayeran espontáneamente.

Debemos enfrentar eso. Un giro masivo a Dios es nuestra única esperanza. Una vacuna puede aparecer o no, lo que reducirá las muertes de personas con COVID-19. Hay más esperanza, hablando en términos humanos, de que las personas se salven físicamente que de la necesaria curación espiritual. Eso se debe a que solo Dios, mediante la intervención soberana del Espíritu Santo, puede salvar al mundo.

Solo Dios pudo conquistar Jericó. Solo Dios puede salvar.

Se requirió que los hijos de Israel hicieran algo muy extraño:

> Tú y tus soldados marcharán una vez alrededor de la ciudad; así lo harán durante seis días. Siete sacerdotes llevarán trompetas hechas de cuernos de carneros, y marcharán frente al arca. El séptimo día ustedes marcharán siete veces alrededor de la ciudad, mientras los sacerdotes tocan las trompetas. Cuando todos escuchen el toque de guerra, el pueblo deberá gritar a voz en cuello. Entonces los muros de la ciudad se derrumbarán, y cada uno entrará sin impedimento.
>
> —JOSUÉ 6:3-5

¿Por qué requeriría Dios alguna vez que esas personas hicieran tal cosa? Dios pudo haberle ordenado a Josué que hiciera todo a primera hora del primer día; no hay nada imposible para él (Jeremías 32:17; Lucas 1:37). Los caminos de Dios son más altos que nuestros caminos y sus pensamientos más altos que nuestros pensamientos (Isaías 55:8-9). Él pudo haber causado la caída del muro de Jericó sin que la primera persona marchara alrededor de la ciudad. Pero uno de sus caminos es que a menudo nos pide que hagamos cosas que no tienen sentido, como pedirle a Abraham que abandonara a Isaac cuando este era el hijo prometido (Génesis 22:2).

¿Por qué a veces Dios espera que oremos? Esta es probablemente la promesa condicional más citada y repetida en el Antiguo Testamento:

> Si mi pueblo, que lleva mi nombre, se humilla y ora, y me busca y abandona su mala conducta, yo lo escucharé desde el cielo, perdonaré su pecado y restauraré su tierra.
>
> —2 CRÓNICAS 7:14

Muchos están haciendo eso. ¿Estás haciéndolo tú? Muchos más necesitan orar así, humillarse y apartarse de sus pecados, y no darse por vencidos. No debemos rendirnos *nunca*, jamás.

La marcha de los hijos de Israel alrededor de la ciudad durante siete días no solo es análoga a la oración; es un ejemplo de algo que se hace y que demuestra que creemos en la Palabra de Dios y de que no tenemos vergüenza de hacer lo que se nos dice que hagamos. Implica un estigma. Implica vergüenza. Yo habría pensado que lo más vergonzoso del mundo es creer en la Biblia y compartir el evangelio con otra persona.

- Los hijos de Israel podrían haberse sentido como unos tontos caminando por la ciudad una vez al día durante seis días y luego siete veces el séptimo día.
- Naamán el leproso debe haberse sentido como un tonto cuando le dijeron que se sumergiera siete veces en el río Jordán (2 Reyes 5:10-14). Pero después de la séptima inmersión fue sanado y su piel era como la de un niño.

- Moisés debe haberse sentido como un tonto cuando guio a los hijos de Israel a un callejón sin salida en Egipto, cuando no había escape, pero solo se le dijo: «Tú, levanta tu vara, extiende tu brazo sobre el mar y divide las aguas» (Éxodo 14:16). Pero el mar se partió y los hijos de Israel cruzaron el Mar Rojo por tierra firme.

Lo que traerá el próximo gran despertar son cientos y cientos de personas que no se avergüenzan de la Biblia, personas que compartan sin temor el evangelio dondequiera que estén y que no tengan miedo a morir.

La pregunta es ¿qué tan pronto y qué tan rápido ocurrirá el próximo gran despertar? En mi opinión, eso sucederá pronto y de repente. Aunque a veces Dios obra gradualmente, como lo hizo en el primer gran despertar —como mencioné anteriormente—, Jonathan Edwards predicó durante varios años, comenzando en 1733, antes de que llegara el cenit del avivamiento de Nueva Inglaterra en 1741. El segundo Gran Despertar de Estados Unidos llegó repentinamente: el 6 de agosto de 1801, ¡y duró menos de una semana! Pero su impacto se extendió por todo el sur en muy poco tiempo. Cuando el rey Ezequías celebró la Pascua en un reflujo espiritual bajo en la vida de Israel, todos se asombraron de que sucediera «de repente» (2 Crónicas 29:36). El Espíritu Santo cayó «repentinamente» en el día de Pentecostés. Eso es lo que espero que suceda ahora. ¡Con Dios todo es posible!

Pero hay más. Después de que el escritor de Hebreos nos dijo que mantuviéramos nuestros ojos puestos en Jesús, nos dijo que fuéramos conscientes de cualquier amargura en nuestro corazón que pudiera hacernos perder lo que Dios pensaba darnos (Hebreos 12:15). La amargura y la falta de perdón son gemelos, idénticos. De la misma manera, Isaías señaló que el ayuno que agrada a Dios no es simplemente orar y humillarnos (Isaías 58:5). Era tender la mano a los pobres, dejar de pelear unos con otros y dejar de «señalar con el dedo» (Isaías 58:9).

Veo llegar el día en que habrá indudables conversiones por parte de miles de estudiantes universitarios. Habrá conversiones por millares de mileniales. Habrá conversiones de cientos de miles de afroamericanos. Habrá millones de musulmanes convertidos. No debería sorprendernos que esto último provoque los celos que Pablo imaginó que llevarían al levantamiento de la ceguera de Israel (Romanos 11:14).

Además, como Dios dijo que la realeza y los «hombres de valor» serían entregados a Josué, espero ver a personas de alto perfil, aquellas a las que menos esperarías que fueran tomadas por el poder del Espíritu, que confiesen a Jesucristo como Señor y Salvador francamente. Si Dios pudo derrotar a Saulo de Tarso en el camino a Damasco por el Espíritu Santo (Hechos 9:4), puede salvar a cualquiera. Después de todo, si puede salvarnos a ti o a mí, puede salvar a cualquiera.

Lo que veo venir, por tanto, es igual a la caída de los muros de Jericó. Sí. Y no olvides que las naciones para Dios «son como una gota de agua en un balde» (Isaías 40:15). El mundo volviéndose a Dios por cientos y cientos de miles de personas es su única esperanza y nuestra única esperanza.

Por último, tengo una receta que sé que funcionará si suficientes personas me escuchan y se toman lo siguiente en serio. Además de la oración y la posición en 2 Crónicas 7:14, lo ideal es que los cristianos de todas partes, de todas las denominaciones y de todos los colores (evangélicos, carismáticos, católicos romanos, asiáticos, hispanos, negros y blancos) se perdonen totalmente unos a otros. Que se acabe el señalar con el dedo. Ahora comparto lo que he enseñado en todo el mundo. Cuanto mayor es el sufrimiento, mayor es la unción; cuanto mayor sea la injusticia, mayor será la bendición que recibirán los que perdonen, *totalmente*.

Supongamos por un momento que *tú*, que lees estas líneas, has sido más herido que nadie en tu ciudad. Podría ser que alguien te robó, te violó, te mintió, abusó de ti cuando eras niño o te traicionó siendo tu su mejor amigo. Quizás tu cónyuge te fue infiel o te prometieron un trabajo, pero te traicionaron. Quizás hayas sufrido injusticias incalculables por el color de tu piel. Quizás fuiste sospechoso o incluso condenado y encarcelado sin un juicio justo.

¿Alguna de las anteriores situaciones te describió? ¿Qué pasa si muchas de las situaciones anteriores aluden a ti?

Los ángeles tienen una palabra para ti: *¡Felicidades!* Sí. Por lo que has sufrido tienes una promesa de bendición que nadie a tu alrededor tiene porque no ha sufrido como tú.

La promesa de bendición es tuya si puedes perdonarlos por completo.

Mi consejo, si puedes aceptarlo, es este: en vez de sentir lástima por ti mismo (lo cual puedo entender completamente) o jurar venganza en el futuro, libérate de eso, por causa de Jesús.

Si pudieras leer las muchas cartas que he recibido de aquellos que hicieron lo imposible, como ver caer los muros de Jericó, es decir, perdonando totalmente la peor crueldad e injusticia imaginables, te sorprenderías. Al ver el gozo que siguió a los que perdonaron totalmente, sin mencionar la bendición de Dios sobre ellos de muchas maneras, es muy probable que tú también te sientas motivado, como esos que superaron las probabilidades imposibles con el perdón total.

Una dama afrodescendiente que nunca conocí me hizo casi famoso en Sudáfrica. Todos los periódicos importantes cubrieron la historia: fue a una prisión para encontrarse con el hombre blanco que había asesinado despiadadamente a sus padres. Los periodistas se enteraron de que ella estaba allí y acudieron a entrevistarla. ¿Por qué fue a conocer a esa persona? Respuesta: fue allá para perdonarlo. Le preguntaron por qué. Dijo que mi libro *Perdón total* había cambiado su vida y le había hecho querer perdonarlo.

Por eso digo que tengo una receta que sé que funcionará. Si puedo persuadirte, amable lector, si hay alguien por ahí a quien no has perdonado, te ruego que consideres lo que estoy diciendo en estas líneas.

Te diré exactamente por qué creo esto: es la forma más cercana que conozco de hacer descender al Espíritu Santo sobre ti. Si tú y muchos otros hacen esto, tendrán el poder de irradiar a Jesús y hablar de él como nunca antes lo habías hecho. Eso te hará valiente. Audaz. Imperturbable.

Estarías obedeciendo la Palabra, como el pueblo de Israel lo hizo en Jericó. Y cuando hicieron lo que se les ordenó, «los muros se cayeron» (Josué 6:20).

Jesucristo es el mismo ayer, hoy y por los siglos (Hebreos 13:8). Él prometió que nunca te dejaría ni te desampararía (Hebreos 13:5).

Así que te insto con humildad y amor, a que consideres estas palabras. Realmente podrían ser la clave para el próximo gran despertar.

Y recuerda las palabras del profeta Habacuc:

> Señor, he sabido de tu fama; tus obras, Señor, me dejan pasmado. Realízalas de nuevo en nuestros días, dalas a conocer en nuestro tiempo; en tu ira, ten presente tu misericordia.
>
> —Habacuc 3:2

CONCLUSIÓN

CONCLUYO CON UNA historia de mi vida que he contado muchas veces. En la hora más oscura que Louise y yo hemos tenido, después de haber sufrido una injusticia que nunca podré contar a nadie mientras viva ni después de mi muerte, apareció en mi vida Josif Tson, de Rumanía. La providencia de que él estuviera presente en un instante particular resultó ser posiblemente el momento más crucial de mi vida. Sufrí intensamente al pensar en cómo sería la vida si no lo hubiera conocido. Sabiendo que no se lo diría a nadie, le dije a Josif lo que hicieron «ellos», esperando que él me rodeara con su brazo y me dijera: «R. T., olvídate de eso, tu enojo es razonable». Pero, al contrario, me dijo algo para lo que no estaba ni remotamente preparado. Si pudiera reducir veinticinco años en Westminster Chapel a quince minutos, el mejor momento que recordaría es cuando Josif me miró y me dijo: «R. T., debes perdonarlos totalmente. Hasta que no los perdones por completo, estarás encadenado. Olvida eso y serás libre».

Nadie me había hablado así en mi vida. Fieles son las heridas de un amigo. Es lo más difícil que he tenido que hacer en mi existencia. Será lo más difícil que hagas en tu vida. Aún tengo que hacerlo. Las consecuencias de ese tiempo me siguen hasta el día actual. Pero el beneficio que fue, y sigue siendo, para mí es incalculable.

Agregaré que, el peor momento de mi vida, ahora lo considero el mejor de mi existencia. Dios también hará eso por ti. Te lo garantizo. Pero con esta condición: que los perdones totalmente. Deja todo eso en el olvido.

Te aseguro esto: nunca te arrepentirás.

Que la gracia de Dios todopoderoso —Padre, Hijo y Espíritu Santo— esté contigo y permanezca contigo ahora y siempre. Amén.

NOTAS

EL CRUCE DE RÍOS
1. Kieran Grogan, «Crossing Rivers», octubre 2007. Usado con permiso.

INTRODUCCIÓN
1. Charles Creitz, «Cardinal Dolan Shares Pope Francis Message for Coronavirus-Ravaged NYC», FoxNews, abril 2020, www.foxnews.com.
2. Katharine Lee Bates, «America the Beautiful», HymnTime.com.
3. John Newton, «I Saw One Hanging on a Tree», Hymnary.org, julio 2020.

CAPÍTULO 1
1. Margaret J. Harris, «I Will Praise Him», Hymnary.org, julio 2020.

CAPÍTULO 3
1. Charles H. Spurgeon, «A Defense of Calvinism», The Spurgeon Archive, julio 2020, https://archive.spurgeon.org/calvinis.php.
2. «Reagan the Man», Ronald Reagan Presidential Foundation and Institute, julio 2020, www.reaganfoundation.org.
3. Helen Howarth Lemmel, «Turn Your Eyes Upon Jesus», Hymnary.org.

CAPÍTULO 4
1. John Newton, «Amazing Grace! (How Sweet the Sound)», Hymnary.org.
2. «John Newton, Amazing Grace», BaptistLife.com, julio 2020.
3. «7 Facts About Southern Baptists», Pew Research Center, junio 2019, www.pewresearch.org.
4. «Abortion Statistics: United States Data and Trends», National Right to Life, julio 2020, https://nrlc.org/uploads/factsheets/FS01AbortionintheUS.pdf.

5. «QuickFacts: California», US Census Bureau, www.census.gov/quickfacts/CA, julio2019.
6. «QuickFacts: New York», US Census Bureau, www.census.gov/quickfacts/NY, julio 2019.
7. «C. S. Lewis Quotes», Goodreads, julio 2020, www.goodreads.com.

CAPÍTULO 5

1. «Our History», Narramore Christian Foundation, julio 2020, https://ncfliving.org.
2. Billy Graham, «Billy Graham: "My Heart Aches for America"», Billy Graham Evangelistic Association, www.billygraham.org.

CAPÍTULO 6

1. «Charles Spurgeon Quotes», BrainyQuote, www.brainyquote.com, julio 2020,
2. Frances Ridley Havergal, «Like a River Glorious», Hymnary.org, julio 2020.
3. Bernard of Clairvaux, «Jesus, the Very Thought of Thee», Hymnary.org, julio 2020.
4. Newton, «Amazing Grace! (How Sweet the Sound).»

CAPÍTULO 7

1. William Williams, «Guide Me, O Thou Great Jehovah», Hymnary.org, julio 2020.
2. Haldor Lillenas, «Come Over Into Canaan», Hymnary.org, julio 2020.
3. Markham W. Stackpole and Joseph N. Ashton, eds., Hymns for Schools and Colleges (Ginn and Company), www.tinyurl.com.

CAPÍTULO 9

1. «The Salvation Army North and South Carolina: 2016 Annual Report», The Salvation Army, www.salvationarmycarolinas.org, julio 2020.

CAPÍTULO 10

1. Isaac Watts, «When I Survey the Wondrous Cross», Hymnary.org.

CAPÍTULO 11

1. William Cowper, «Breslau, LM», Hymnary.org.

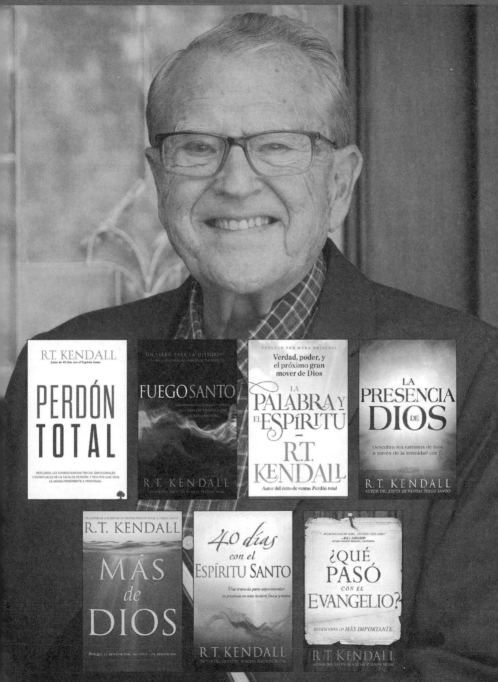

CASA
CREACIÓN

Te invitamos a que visites nuestra página web, donde podrás apreciar la pasión por la publicación de libros y Biblias:

www.casacreacion.com

Para vivir la Palabra